GTB
Gütersloher Taschenbücher
1145

Vorbemerkung

Scientology, ein schillernder Begriff und zugleich eine interessante Bewegung, die uns immer häufiger begegnet. Die meisten Menschen wissen relativ wenig von dem Ausmaß, das die Zugehörigkeit zu Scientology auf das persönliche Leben eines Menschen und im Besonderen auf eine partnerschaftliche Beziehung nimmt.

El Awadalla, eine Jounalistin, die sich intensiv mit dem Thema auseinander gesetzt hat und *Maria Susanne Klar*, eine engagierte Aussteigerin, vermitteln in einer Einführung in das Buch wichtige Hintergrund- und Sachinformationen. *Ilse Hruby*, eine Krankenschwester, schildert auf eindrückliche Weise im zweiten Teil ihre eheliche Beziehung mit einem Scientologen.

Die drei Autorinnen leben und arbeiten in Österreich. Sie vermitteln ihre Eindrücke und Erfahrungen aus ihrer persönlichen Lebenssituation und der daraus entstandenen Haltung. Die Texte erhalten dadurch ein hohes Maß an Authentizität und leben gleichzeitig durch bestimmte sprachliche Eigenheiten.

Die im Text mit einem Sternchen gekennzeichneten Namen sind bewusst geändert, die durch Verweispfeile kenntlich gemachten Begriffe finden in dem Glossar am Ende des Buches eine Erläuterung.

Der Verlag

Ilse Hruby

Meine Ehe mit einem Scientologen

Mit einer Einführung
von
El Awadalla
und
Maria Susanne Klar

Gütersloher Verlagshaus

Originalausgabe

Die Deutsche Bibliothek – CIP-Einheitsaufnahme

Hruby, Ilse: Meine Ehe mit einem Scientologen / Ilse Hruby.
Mit einer theoretischen Einf. von El Awadella und Maria Susanne Klar. –
Orig.-Ausg. – Gütersloh: Gütersloher Verl.-Haus, 2000
(Gütersloher Taschenbücher; 1145)
ISBN 3-579-01145-6

Dieser Band folgt der reformierten Rechtschreibung und Zeichensetzung.

ISBN 3-579-01145-6
© Gütersloher Verlagshaus, Gütersloh 2000

Umschlaggestaltung: INIT, Bielefeld
Satz: Weserdruckerei Rolf Oesselmann GmbH, Stolzenau
Druck und Bindung: Clausen & Bosse, Leck
Gedruckt auf chlorfrei gebleichtem Werkdruckpapier

Printed in Germany

Inhalt

Einführung

Meine Ehe mit einem Scientologen

What is Scientology?[1]

»Scientology ist die Wissenschaft des Wissens, wie man weiß. Sie hat uns gelehrt, dass ein Mensch seine eigene unsterbliche Seele ist. Wir haben kaum eine andere Wahl, als einer Welt zu verkünden, dass die Kernphysik und die Religion sich verbündet haben, ganz gleich, wie sie es aufnimmt, und dass wir in Scientology jene Wunder vollbringen, auf die der Mensch während seiner ganzen Suche gehofft hat. Der Einzelne mag Gott hassen oder Priester verachten. Er kann jedoch nicht den Beweis ignorieren, dass er seine eigene Seele ist. Somit haben wir unser Rätsel gelöst und sahen, die Antwort war einfach.« (L. Ron Hubbard: Eine neue Sicht des Lebens, Kopenhagen 1979, S. 27)

Die Scientology-Organisation wurde in den fünfziger Jahren vom amerikanischen Science-Fiction-Autor L. Ron Hubbard gegründet. 1950, mit dem Erscheinen des Grundlagenbuches »Dianetik, die Wissenschaft von der geistigen Gesundheit«, gilt als Jahr 1 der scientologischen Zeitrechnung. Bis heute ist in Scientology der Geist der amerikanischen Wirtschaftswunder-Gesellschaft lebendig. Wenn man an die märchenhaften Wirkungen denkt, die verschiedenen Vitaminpillen und künstlichen Proteinen zugeschrieben werden, oder an die Bedeutung, die Statistiken für jeden einzelnen Scientologen haben oder an viele andere große und kleine Indizien – wenn man Scientology-Literatur liest, fühlt man sich oft wie bei einer Zeitreise in die 50er Jahre.

Ansatzpunkte der Kritik sind nicht nur die horrenden Gebühren, die ein Scientologe zahlen muss, wenn er weiterkommen will (und er ist verpflichtet, das zu wollen), was bei weniger finanzkräftigen Anhängern schnurstracks in hohe Verschuldung führen kann. Anlass zur Besorgnis bietet vielfach auch die Praxis des →Auditing, die den zentralen Punkt der Theorie und Praxis von Scientology bildet. Auch die Tatsache, dass Scientology sich in einigen Wirtschaftsbereichen zunehmend etabliert (vgl. S. 17), wird von vielen mit wachsender Besorgnis beobachtet.

Und schließlich stellt sich auch immer dringender die Frage, wie sich das Aufwachsen von Kindern in einem scientologisch geprägten Umfeld wohl auf ihr späteres Leben auswirken wird.

Soweit, so klar; aber was ist diese Scientology eigentlich? Eine Kirche bzw. eine Religion, wie die Bemühungen des Vereins, in einigen Ländern den Status einer anerkannten Religionsgemeinschaft zu erhalten, nahelegen? Eine »religiöse Philosophie«, wie eine der vielen verschiedenen Eigendefinitionen behauptet? Eine neue Wissenschaft, wie es zum Titel des Grundlagenwerkes passen würde? Oder zumindest eine Therapieform, wie es einem jahrelang gepflegten Erscheinungsbild entspräche, dessen Schwerpunkt auf dem »Auditing« liegt? Oder jenes aufstrebende Wirtschaftsimperium, vor dem in letzter Zeit immer mehr Kritiker warnen?

Wir können und wollen hier keine Entscheidung treffen; jede Leserin, jeder Leser soll seine Schlüsse selbst ziehen: aus den Indizien, die wir in der Folge vorlegen und aus der Geschichte, die Ilse Hruby uns dann erzählen wird.

Religion mit Copyright

»Scientology«, so wird in diesem Buch eine der Hauptfiguren erklären, »ist eine Religion, die um Anerkennung in Österreich und verschiedenen europäischen Staaten kämpft«; wenn öffentliche Stellen in einzelnen Ländern vor Theorie und / oder Praxis der Scientology warnen, müssen sie damit rechnen, beschuldigt zu werden, das Menschenrecht auf Religionsfreiheit zu missachten. So wurde beispielsweise das Deutschland von heute in seitengroßen Inseraten in amerikanischen Tageszeitungen mit dem Dritten Reich und seiner Judenverfolgung gleichgesetzt und auf diplomatischer Ebene unter Druck gesetzt. Ist also Scientology tatsächlich eine (noch junge) Religion, der die Gesellschaft (noch) die Anerkennung versagt? Oder haben die Kritiker recht, die unterstellen, im Fall von Scientology stelle die »Religion« nur jenen Teppich dar, unter den sich so manches kehren lässt, das bei Licht besehen, gar nicht so harmlos und menschenfreundlich ist, wie diese Gruppe auf unvoreingenommene Betrachter gerne wirken würde?

Nach allgemeinem Rechts- und Sprachverständnis ist Religion untrennbar mit irgendeiner Form des Gottesglaubens verbunden. So definiert z.B. der Duden Religion als »Glaube an Gott oder ein göttliches Wesen und der sich daraus ergebende Kult«.

Und hier stößt man bereits auf die erste Schwierigkeit, denn Scientology erfordert laut einer von vielen Selbstdefinitionen »keinen Glauben an irgendjemanden.«[2] Diese Behauptung wirkt glaubwürdig angesichts der Tatsache, dass man bändeweise Scientology-Literatur lesen kann, ohne auf Hinweise auf den Glauben an ein göttliches Wesen zu stoßen. Ja, es erweist sich sogar, dass die Existenz oder Nichtexistenz Gottes weder auf das in ihr dargestellte Gedankengebäude noch auf die daraus abgeleiteten Verhaltensrichtlinien einen erkennbaren Einfluss hat. Zwar gibt es ein scientologisches Zeremonienbuch, in dem man »Rituale« für Hochzeits- oder Namensgebungsfeste findet; sie spielen aber – unserer Beobachtung nach – im täglichen Leben eines durchschnittlichen Scientologen nur eine untergeordnete Rolle. Vor allem aber können sie wohl kaum als Pendant zu entsprechenden Riten anderer Religionen gedeutet werden, da sie doch nicht auf einen spezifisch scientologischen Gottglauben zurückzuführen sind!

Aber betrachten wir doch kurz ein konkretes Beispiel: die Hochzeitszeremonie, durch die Ilse und Peter auch scientologisch miteinander verbunden werden sollten: Im »Zeremonienbuch« der »Church of Scientology« (65 von zigtausend Seiten Scientology-Literatur!) sind der Hochzeitszeremonie 15 Seiten gewidmet; auf diesen 15 Seiten werden zwar rein formale Aspekte der Zeremonie wie die Kleidung von Braut, Bräutigam, Trauzeugen und Hochzeitsgästen relativ ausführlich erörtert – bis hin zu einer Skizze, die die Aufstellung der handelnden Personen genau regelt – ; es findet sich aber andererseits an keiner Stelle eine Erwähnung Gottes (bzw. einer wie auch immer genannten höheren Instanz); bezeichnend ist hier die »Schlüsselstelle« der Zeremonie: »Ich nehme diesen Ring und diesen Gatten / diese Gattin an. Vor der Welt.« Auch und gerade hier keine Erwähnung Gottes.

Insgesamt fällt auf, dass und welche Elemente aus herkömmlichen Trauungszeremonien übernommen wurden: Äußerlichkeiten wie die Kleidung oder der Ringwechsel. Wo man aber Elemente eines spezifisch scientologischen Glaubens erwarten würde, sucht man vergebens nach ihnen. In der »Hochzeitszeremonie für Scientologen« (es gibt auch Zeremonien für Nichtscientologen), gibt es zwar eine (!) Passage, die eine auffallend hohe Dichte an scientologischem Vokabular aufweist, aber auch hier werden eher allgemein gültige Ideen und Werte transportiert, wie der Wert der Kommunikation für eine glückliche und dauerhafte Beziehung oder die Symbolkraft der Ringe.

Und es handelt sich bei Scientology ja um eine ganz besondere »Religion«, da sie angeblich »für alle Bekenntnisse« zusätzlich annehmbar ist, also zu keiner anderen Glaubenslehre in Widerspruch steht und mit allen vereinbar ist![3]

Aber auch andere Usancen der »Scientology-Kirche« passen nicht so ganz in das Bild, das man sich im Allgemeinen von einer Religion macht: So sind die meisten Religionen üblicher Weise daran interessiert, dass ihre Ideen möglichst rasch, weit und unproblematisch verbreitet werden; das Bedürfnis zu missionieren, scheint uns ein wesentliches Kriterium echter Religiosität.

Wie aber soll man das Sendungsbewusstsein einer Gruppe beurteilen, die versucht, ihre Verbreitung an vordergründige wirtschaftliche Voraussetzungen zu binden und durch »*eingetragene Warenzeichen*« zu monopolisieren? Zeugt dies nicht vom Wunsch nach Missionierung, sondern von knallhartem Gewinnstreben? Dieses Streben nach weltlichen Gütern wird nicht – wie etwa im Buddhismus, mit dem sich Scientology so gerne vergleicht – problematisiert; nein: Es wird vom Gründer sogar dezidiert eingefordert: »Mach Geld, mach mehr Geld, mach, dass andere Menschen Geld machen.« (→HCOPl 9.3.72)

Da wundert man sich schon gar nicht mehr, wenn Dienstleistungen der »Kirche« (wie etwa ein sogenannter →Reinigungs-Rundown) in Form einer Produktwerbung angepriesen werden, die »weltliche« Vorteile wie die angebliche Befreiung von Drogen- und Chemikalienrückständen in den Vordergrund stellt[4]. Auch die Illustrationen des Prospektes wecken eher Assoziationen an die Weight Watchers oder an die Angebote so genannter »Gesundheitshotels«.

Nur im Klein(st)gedruckten findet sich der Hinweis, der »Reinigungs-Rundown« sei »Teil des Befreiungsweges der Scientology-Religion«, aber das wirkt in unseren Augen im Vergleich zur vorangehenden Präsentation des Programms aufgesetzt und unglaubwürdig.

Verstände sich Scientology wirklich als Religion, so müsste am Beginn jeder Publikation groß auf diesen Befreiungsweg hingewiesen werden!

Neben dem Reinigungsprogramm findet man im Angebotsspektrum dieser erstaunlichen »Religion« auch noch andere Dinge, die nicht so recht ins Bild passen wollen: So findet man →Persönlichkeitstests zwar in fast jeder Illustrierten, aber unter den Dienstleistungen einer Kirche? »Kommunikationskurse« kann man im Rahmen der Erwachsenenbildung vielerorts belegen; als religiöse Praxis haben wir sie allerdings noch nie betrachtet.

Überhaupt scheint mir der von L. Ron Hubbard immer wieder erhobene Anspruch, die Anwendung seiner Technologie (welch ein Wort im religiösen Kontext!) wäre in körperlicher und / oder seelischer Hinsicht therapeutisch wirksam, am ehesten mit Angeboten aus dem Gesundheitsbereich vergleichbar. (vgl. dazu S. 17)

Zwar wird auch in christlichen Texten immer wieder von der Heilung körperlicher und seelischer Leiden berichtet; dort ist aber klar, dass diese Heilungen nicht der korrekten Anwendung irgendwelcher Methoden zu verdanken sind, sondern ausschließlich der Gnade Gottes (ein Terminus, den wir während unserer Lektüre der Scientology-Literatur nirgends gefunden haben!).

Mit der Selbsteinschätzung als Religion verwandt ist auch eine andere Selbstdefinition von Scientology: die als Philosophie. In Griechenland, wo religiöse Veranstaltungen einer besonderen Bewilligung bedürfen, tritt Scientology dementsprechend auch als »Griechisches Zentrum für angewandte Philosophie« auf.

Wenn also schon der Anspruch, eine Religion zu sein, in Frage gestellt werden muss – kann man Scientology wenigstens als Philosophie ernst nehmen? Dann müsste sie sich aber in ihren theoretischen Schriften auch mit den eigentlichen philosophischen Themen beschäftigen: der Frage nach der Natur der Dinge, nach dem letzten Sinn... Wenn man allerdings nach Schrifttum sucht, das sich damit beschäftigt, so findet man im besten Fall phantasievoll gestaltete Weltraummärchen.

Es gäbe in diesem Zusammenhang noch vieles, mit dem man sich auseinander setzen könnte; interessanter allerdings erscheint es uns, noch eine andere Selbstdarstellung von Scientology zu beleuchten, die unserer Ansicht nach zu ihrem Selbstverständnis als Religion in Widerspruch steht.

Eine Wissenschaft?

Eine andere Gruppe von Selbstdefinitionen erhebt Scientology bzw. »Dianetic«, die als Ursprung der Scientology aufgefasst werden kann, in den Rang einer Wissenschaft.[5] Sehen wir davon ab, dass nach herkömmlichem Sprachgebrauch ein und dasselbe Gedankengebäude kaum Religion und Wissenschaft gleichzeitig sein kann. Gehen wir auch dieser Frage einmal nach: Zu dieser Art der Selbstpräsentation passen z. B. verschiedene Werbemittel wie Flugblätter, die immer wieder an Wohnungstüren oder geparkte Autos gesteckt werden: Das wohlbekannte Konterfei Einsteins als Blickfang suggeriert eine enge Verbindung zur Naturwissenschaft. Versprochen wird hier eine Steigerung der Intelligenz auf der Basis seriöser Forschungen.[6]

Auch der Falter, der für den sogenannten Reinigungs-Rundown wirbt, passt in dieses Bild; dort heißt es u. a. »Was blockiert geistige Frische? Was hält Sie davon ab, klar zu denken? ... *Neuere Forschungen* (Hervorhebung durch den Verfasser) haben ergeben ...«. Und wenn man sich dem beworbenen Produkt von der theoretischen Seite nähert, offenbart sich – bei aller Absurdität – ein zumindest pseudowissenschaftlicher Charakter: Es finden sich z. B. Erläuterungen wie, radioaktive Strahlung sei wasserlöslich und wie Wasser beweglich. Aus diesem Grund müsse beim »Purification Rundown« (der angeblich von alten Strahlungsbelastungen befreit und so die Widerstandsfähigkeit gegenüber neuen erhöht) sorgfältig darauf geachtet werden, dass stark und voluminös geschwitzt werde. (nach →HCOB)

Kann man also Scientology, wenn schon keinen religiösen so doch einen wissenschaftlichen Charakter attestieren, wie es ja offenbar von dieser Organisation *auch* gewünscht wird?

Selbst wenn man von der zumindest ungewöhnlichen Idee absieht, dieselbe Lehre könne gleichzeitig Teilgebiet einer Einzelwissenschaft und Metawissenschaft sein[7], so widersprechen doch verschiedene grundlegende Aussagen in den Richtlinienbriefen des Gründers diesem Denkansatz: Während nämlich Wissenschaft selbstverständlich ein ständiges Infragestellen und Weiterentwikkeln einmal gewonnener Erkenntnisse (auch durch andere Wissenschaftler) voraussetzt, wird genau das in Scientology dezidiert abgelehnt. »Jedem Kursüberwacher und jedem Ausübenden, der →Tech interpretiert, verändert oder für ungültig erklärt, muss verpflichtend der →Ethik-Zustand »Feind« (unterhalb von Nicht-Existenz Anm. d. Verf.) zugewiesen werden« (→HCOPl 22. 11. 1967; Übers. d. Verf.)[8], und der Zweifel, die Quelle aller Wissenschaft und Forschung, gilt ebenfalls als Zustand unterhalb der »Nicht-Existenz«[9].

Im »Kodex eines Scientologen« verpflichtet man sich »auf standardgemäßer und *unveränderter* Scientology als einer angewandten Aktivität in der Ethik [...] zu beharren.« (→HCOPl 5. 2. 69)

Begründet wird diese mangelnde Innovationsfreude mit Argumenten, die man nur als Absolutheitsanspruch interpretieren kann: Es wird behauptet, »dass der Mensch niemals zuvor eine brauchbare geistige Technologie entwickelt hat«, »dass die Bemühungen des Menschen, andere Wege zu finden, zu nichts geführt haben.« Scientology sei »das einzige funktionierende System, das der Mensch hat.« Und »die ganze qualvolle Zukunft dieses Planeten – jedes Mannes, jeder Frau und jedes Kindes darauf – und dein eigenes Schicksal für die nächsten endlosen Billionen Jahre hängt davon ab, was du hier und jetzt mit und in der Scientology tust.« (→HCOPls 7. u. 14. 2.65)

Angesichts dieser Aussagen erübrigen sich wohl weitere Überlegungen zum Wissenschaftscharakter von Scientology.

Aber Wissenschaftscharakter hin oder her: Sind wenigstens die von dieser Lehre abgeleiteten praktischen Verfahren sinnvoll anwendbar?

Probleme des Auditing

Schließlich erhebt Scientology immer wieder – in unterschiedlichem Zusammenhang – dezidiert den Anspruch, in *körperlicher und seelischer* Hinsicht therapeutisch wirksam zu sein. Dianetik soll offenbar als eine Art alternativmedizinischer Praxis verstanden werden[10]; und die gesamte Psychiatrie wird durch Scientology angeblich überflüssig[11].

Hauptsäule dieses therapeutischen Anspruches ist das Auditing, bei dem meistens der nach Verbesserung strebende Mensch (→PC genannt) stundenlang in Einzelsitzungen minutiös über seine Vergangenheit befragt wird (notfalls bis zurück in frühere Leben). Dabei sollen negative Erlebnisse aus der Vergangenheit (→»Engramme«), die den Menschen gegen seinen Willen negativ beeinflussen, aufgespürt und durch wiederholtes »Durchleben« unwirksam gemacht werden.

Als Hilfsmittel dient dabei meist das sogenannte →E-Meter, ein elektronisches Gerät, das einem Lügendetektor ähnlich funktionieren soll. Während der Sitzung werden detaillierte Protokolle geführt, die dann im Akt des »Kunden« gemeinsam mit allen anderen schriftlichen Aufzeichnungen über ihn gesammelt werden. Leider gibt es zahlreiche Indizien dafür, dass diese Aufzeichnungen nicht immer, wie es in einem internen Kodex versprochen wird, vertraulich behandelt werden. Und sehr persönliche Mitteilungen (wie die Frage nach Drogenkonsum, Ängsten oder dem Strafregister) werden dem →PC schon abverlangt, bevor das eigentliche →Auditing beginnt. (→HCOB 24. 6. 1978)

Es existieren einleuchtende Darstellungen, dass auch die verwendeten Techniken selbst, die vordergründig an die Psychoanalyse angelehnt erscheinen, leider nicht in die Rubrik »teuer, aber harmlos« eingereiht werden können.

Der Auditor, dessen Ausbildung sich nicht mit jener zugelassener Therapeuten vergleichen lässt, bietet dem Hilfesuchenden keine

Unterstützung zur Interpretation seiner Probleme und bringt ihm auch keinerlei Mitgefühl entgegen, was auch gar nicht seine Aufgabe ist. Im Gegenteil: Egal, welche Krisen und Zusammenbrüche der →PC durchmacht, der Auditor soll ungerührt und stur seinem vorgegebenen Prozessgang folgen, bis ein genau definiertes Endziel erreicht ist[12]. (U. a. dazu, diese Fähigkeit dazu zu trainieren, wurden einige der Übungen des »Kommunikationskurses«[13] entwickelt.)

Diese starren Richtlinien, verbunden mit der insgesamt unvollständigen Ausbildung des Auditors (es werden weder medizinische noch psychologische Grundkenntnisse vermittelt), stellen aus unserer Sicht einen besonderen Risikofaktor dar.

Das →Auditing-Verfahren beschränkt sich auf die Technik der reinen Abreaktion und berücksichtigt weder den Beziehungsaspekt des therapeutischen Geschehens (Verhältnis zwischen Therapeut und Klient), noch die Möglichkeit, dass Probleme durch das Verfahren möglicherweise auch verfestigt oder gar erst erschaffen werden könnten.

Denn wie aus der Theorie zu Auditing klar ableitbar ist, interessieren hier nur die negativen Erlebnisse aus der Vergangenheit. Daher werden in einer äußerst suggestiven Situation stundenlang belastende Erlebnisse »wieder« durchlebt. Das Leben vor Scientology erscheint so sehr schnell voll von Leere, Unglück und Nichterfüllung, d. h.: Beim Auditing kann es – über die auditierten negativen »Erlebnisse« – zu einer zunehmenden Abwertung der Lebenserfahrungen vor Scientology kommen, die später eine eventuelle Rückkehr ins »normale« Leben erschwert.

Ein besonderes Problem stellt in diesem Zusammenhang klarerweise jenes →Auditing dar, das angewandt wird, wenn ein oder mehrere Familienmitglieder eines Scientologen Scientology gegenüber kritisch sind. Es gibt auch Auditing für Kinder; wie es sich auf ihre Entwicklung auswirkt, sollte einmal ausführlich untersucht werden, wobei besonders darauf zu achten wäre, welchen zusätzlichen Belastungen Heranwachsende ausgesetzt sein können, deren einer Elternteil (oder deren Großeltern) Scientology kritisch gegenüberstehen.

Auf einer ganz anderen Ebene liegen die Probleme, die sich aus dem Umgang vieler Scientologen mit enormen Dosen verschiedener Vitamine ergeben können; die Einnahme der Präparate wird einerseits auf informeller Ebene propagiert, ist aber andererseits auch Teil spezieller Verfahren, wie etwa des sogenannten »Reinigungs-Rundowns«.[14] (vgl. dazu auch S. 13)

Sollten dabei körperliche Probleme auftreten, so wird nicht – wie es eigentlich zu erwarten wäre – ein Arztbesuch verordnet, sondern der Betroffene wird aufgefordert, die »Scientology-Therapie verstärkt fortzusetzen«[15].

Es ist also sowohl sehr zu bezweifeln, ob Scientology dem selbstgestellten wissenschaftlichen Anspruch gerecht wird, als auch, ob die angebotenen Verfahren wirksam oder zumindest unschädlich sind.

Ein Wirtschaftsimperium?

Keine andere Gruppierung hat ein so stark ausgeprägtes Verhältnis zu Geld wie Scientology. Hubbards berühmt-berüchtigter Satz »Mach Geld, mach mehr Geld, mach, dass andere Menschen Geld machen«, ist nicht bloß dahingesagt, sondern gilt als Dogma. Rund um das Geld existiert eine Reihe von rezeptartigen Schriften, denn wie Hubbard von Scientology als Genie in vielen Bereichen präsentiert wird, so gilt er auch als Wirtschaftsfachmann, der die Technologie, kurz →Tech genannt, zur Führung von Betrieben exzellent beherrschte und seinen Gläubigen überlieferte. Nach der Tech ist idealerweise der scientologische Betrieb organisiert. Dazu notwendig ist eine Lizenz, die von WISE (World Institute of Scientology Enterprises) vergeben wird und die eine kostspielige Angelegenheit ist. »Zwischen 9 Prozent und 15 Prozent vom Bruttoumsatz« kostet eine solche Lizenz, schreibt der ehemalige Scientologe Tom Voltz (Scientology und (k)ein Ende, Solothurn 1995; S.120). Von WISE fließen die Gelder in Richtung Scientology. Diese Lizenzgebühren können an der Substanz der Firma nagen, bis hin zur Insolvenz. Gleichzeitig bedeuten diese Geschäfte, dass die gesamte Kundschaft eines WISE-Lizenznehmers zu den Einnahmen von Scientology beiträgt.

Die Verquickung mit der »Church« wird dadurch verdeutlicht, dass nicht linientreue WISE-Mitglieder oder Lizenznehmer aus Scientology ausgeschlossen werden können. Die Anweisungen zum Ausschluss aus WISE können umgekehrt auch von Scientology kommen. »Die Macht der See-Organisation, der Eliteabteilung der Scientology-Kirche, geht sehr weit. Sie kann zum Beispiel dafür sorgen, dass Inhaber von Firmen, die Lizenzverträge mit WISE haben, dazu aufgefordert werden, ihre Firma anderen zu übergeben und sich von eigenem Gedankengut als minderwertig und nicht verbreitungswürdig zu distanzieren.« Das schreibt ebenfalls der Schweizer Tom Voltz (S. 134), der vor seinem Austritt aus Scientology für WISE tätig war.

Schwerpunkte von WISE liegen in folgenden Branchen: Immobilien-, Computer- und Softwarebranche, Personal- und Managementberatung, Werbung, Medien und Unterhaltungsindustrie. Aber auch soziale Einrichtungen sind für Scientologen interessant. In Deutschland konnten mehr als 150 Firmen und etwa 50 Tarnorganisationen Scientology und ihrem Umfeld in Deutschland bisher zugeordnet werden. In Österreich, wo die folgende Geschichte spielt, ist die Situation nicht anders. Hier existiert eine ganze Reihe relativ kleiner Firmen mit scientologischem Betriebskonzept.

Es ist kein Zufall, dass die österreichische WISE-Niederlassung unter derselben Wiener Adresse zu finden ist, wie die auch als →FSM (Field Staff Member) auftretende Beratungsfirma Business Success. Diese Firma bietet Managementberatung und -seminare an, hat mittlerweile eine Tochterfirma in München und ist höchst aktiv in der Verbreitung scientologischen Gedankengutes im ehemaligen Ostblock.

Business Success wird geführt von den zwei *WISE Charter-Komitee*-Mitgliedern Gerard Peissl und Franz Wagner. Die zwei haben zusammen ein sehr erfolgreiches Vorgehensmuster kreiert. Der Hauptservice, den sie liefern, ist ihren Werbeunterlagen zufolge ein »wildes, unkompliziertes Verkaufs-Seminar«. Es gründet auf der Hubbard-Schrift »The Perfect Dissemination Program« und will die bestmöglichen Verkäufer ausbilden.

Das *WISE-Charter-Komitee* hat eine eigene Gerichtsbarkeit, deren Aufgabenbereich weit über jene der in Vereinen üblichen Schiedsgerichte hinausgeht. Die ausführliche Satzung beinhaltet größtenteils Punkte zur Streitschlichtung, sieht aber auch die Möglichkeit vor, auf das Privatvermögen der Mitglieder zuzugreifen. Dem entspricht in der Realität auch, dass *WISE-Charter-Komitee*-MitarbeiterInnen bis in die Nachtstunden mit der Vermittlung zwischen einzelnen Mitgliedern beschäftigt sind.

Geradezu kultische Verehrung genießt in scientologisch geführten Betrieben die Statistik. Wöchentlich muss eine Erfolgsstatistik erstellt werden, die peinlichst genau alles auflistet, bis hin zur Anzahl der abgeschickten Briefe. Das Schlimmste, was passieren kann, ist ein Rückgang der Statistik. Werden etwa in einer Woche weniger Briefe geschrieben als in der Woche zuvor – aus welchem Grund auch immer –, so ist dagegen vorzugehen.

Der scientologischen Logik folgend, dass Geld »gemacht« werden muss, erfreuen sich bestimmte Betriebsysteme besonderer

Beliebtheit. Diese sind vor allem Franchise-Systeme und Struktur-vertriebe oder Multilevelmarketings (MLM).

Auf dem deutschsprachigen Markt gibt es derzeit zwischen 500 und 600 Franchise-Systeme. Etwa die Hälfte davon ist in Verbänden organisiert, die seriöse von unseriösen Franchise-Gebern trennen wollen. Denn es gibt eine ganze Reihe von Franchise-Systemen, die höchst obskure Waren oder Dienstleistungen anbieten. Franchising gibt es in vielen verschiedenen Branchen, von der Restaurantkette über den Baumarkt bis hin zur Musikschule und zum Baubetrieb. Eine EU-Verordnung hält genau fest, was eine Franchisevereinbarung ist. Vieles, was unter diesem Namen läuft, fällt nicht darunter, sondern ist eher ein Agentur- oder Vertrags-händlervertrag.

Beim →Franchising arbeiten rechtlich und wirtschaftlich selbstän-dige Partner auf unterschiedlichen Wirtschaftsstufen sehr eng zu-sammen, treten aber unter einem einheitlichen Erscheinungsbild auf. Der Franchise-Nehmer ist im eigenen Namen und auf eigene Rechnung tätig und konzentriert sich im Wesentlichen auf den Verkauf und seine Betriebsführung. Der Franchise-Geber entschei-det, was für Ansehen, Identität und Funktionsfähigkeit des Sy-stems notwendig ist, sorgt für gemeinsame Werbung und kon-trolliert die Umsetzung durch die Partnerbetriebe.

Die meisten Franchise-Geber verlangen für Schulungen, Schutz-rechte und Know-how eine Einstiegsgebühr, für Werbung und andere Dienstleistungen eine laufende Gebühr, in der Regel eini-ge Prozent des Monatsumsatzes.

Dem scientologischen Denken kommt beim Franchising das Trai-ningskonzept als Bestandteil des Leistungspaketes eines Franchi-se-Gebers sehr entgegen. Es beginnt bereits bei der Auswahl der Franchise-Nehmer und reicht von der Anfangsschulung über Fort-bildungsangebote bis hin zu Fachschulungen und Spezialausbil-dungen. Training ist beim Franchising eine ständige Verpflichtung für Franchise-Geber und -Nehmer. Es muss permanent passieren, um den angestrebten gleichen Standard aller Franchise-Nehmer zu gewährleisten. Ständiges Training ist für Scientologen nichts Fremdes, befinden sie sich doch selbst so gut wie ständig »auf Kurs«, um sich zu verbessern. Darüber hinaus ist Mitgliederwerbung für Scientologen eine Selbstverständlichkeit – und auch beim Franchising können neue Partner geworben werden.

Ein MLM zeichnet sich dadurch aus, dass Waren oder Dienstleistungen auf eigenes Risiko, also freiberuflich verkauft werden und gleichzeitig immer neue »Kundenberater« geworben werden, denn an deren Umsatz verdienen die Werber mit. Die Neugeworbenen müssen eine Provision an ihren Werber abliefern, der ebenfalls wiederum Provision zahlen muss, ähnlich wie bei den verbotenen Pyramidenspielen. Der Unterschied zum Pyramidenspiel besteht darin, dass immer ein »Produkt« im Vordergrund steht. Beim Pyramidenspiel »European Kings Club« waren erstaunlich viele Scientologen dabei – und zwar hauptsächlich jene, die höhere Positionen in Unternehmen bekleiden. Dabei sollte beispielsweise einem Unternehmensberater klar sein, dass die in Aussicht gestellten Zinsen von über 70 Prozent in wenigen Monaten kein seriöses Angebot sein können.

Die Zentrale bekommt natürlich auch Geld – für ihren »Verwaltungsaufwand« oder für die »Produkte«, daher bleibt für die hoffnungsfrohen Anleger nicht der ganze Kuchen zum Verteilen. Von Runde zu Runde vervielfacht sich die Zahl der »BeraterInnen« – bis keine neuen mehr gefunden werden und das System zusammenbricht. Gewonnen haben mit Sicherheit die GründerInnen und vielleicht noch die ersten WerberInnen. Alle anderen gehen leer aus. Eines der zur Zeit bekanntesten MLMs im deutschsprachigen Raum ist Herbalife, ein Handel mit »Shakes«, die wahre Wunderdinge versprechen: Wer will – und daran glaubt –, kann damit ganz nach Wunsch abnehmen, zunehmen, verschiedene

Krankheiten, wie z. B. Schuppenflechte oder Neurodermitis bekämpfen; auch bei Herz- und Kreislauferkrankungen wirken Herbalife-Produkte angeblich Wunder. Das jedenfalls behaupten die »BeraterInnen« bei Präsentationsabenden in Hotels bzw. die Prospekte.

Die Produkte sind bei einigen MLMs, wie z.B. »Die Chance zum Erfolg« völlig nebensächlich. Wer »Die Chance zum Erfolg« ergreifen will und sich das Informationsmaterial bestellt, erhält für rund 63 Mark (33 Euro) ein paar kopierte Zettel, eine Hochglanzbroschüre, Audio- und Videokassetten, aus denen nichts über das Produkt hervorgeht. Klar wird allerdings, dass den größeren Gewinn der Verkauf des Infomaterials bringt.

Scientology kommt immer wieder in die unmittelbare Nähe der MLMs. So wurde in Deutschland bereits Anfang der 90er Jahre Herbalife-Lieferungen Scientology-Werbematerial beigepackt. Das sei aber, so ein Berater, darauf zurückzuführen, dass Herbalife so gut sei und deshalb eben auch Scientologen anlocken würde. Herbalife-Gründer Mark Hughes streitet jede Beziehung zur »Scientology Kirche« ab; stutzig daran macht, dass er in diesem Zusammenhang das Wort »Kirche« verwendet; das tut üblicherweise nur Scientology selbst.

Ein weiteres im Internet tätiges MLM, das »Dienstleistungen von Experten« verspricht, hat in Helmut W. Karl, einem öffentlich bekennenden Scientologen seit langem einen Proponenten. Karl vertritt daneben noch eine ganze Reihe weiterer MLMs.

Die Organisation Die Organisation von Scientology ist streng hierarchisch über viele Ebenen aufgebaut. Der Aufstieg ist auf zweierlei Art möglich: durch das Kurssystem und durch hohe als Spenden deklarierte Beiträge. Eine weitere Rangordnung ergibt sich durch die Funktionen, die jemand in der Org ausübt, wobei noch – für Außenstehende äußerst verwirrend – hinzukommt, dass die →Orgs ebenfalls auf verschiedenen Stufen stehen können. Dazu kommen noch die Celebrity-Centers und die Missions, die ebenfalls nicht alle gleichrangig sein müssen. Wenn also landläufig von einem »hochrangigen Scientologen« die Rede ist, kann damit Verschiedenes gemeint sein.

In den Orgs gibt es eine ganze Reihe von Abteilungen, über denen in der Regel die OSA (Office for Special Affairs), Geheimdienst der Scientology, steht. Üblicherweise sind die Pressesprecher auch OSA-Offiziere. Wohl aus Hubbards (teilweise imaginierter) Biografie ergibt sich eine Vorliebe für militärische Ränge und Uniformen, die stark an die Marine erinnern. Neben der OSA gibt es Abteilungen für Öffentlichkeitsarbeit, für Kurse, →Ethik usw. Aufgebaut sind die Orgs alle nach demselben Schema. Die »Staff-Members«, also die Mitarbeiter führen teilweise sehr fantasievolle Titel, von Registrar über Recruiter bis zu Kursüberwacher. Oft handelt es sich bei diesen Personen um Mitglieder, die erst ganz kurz dabei sind und nur sehr wenige Kurse gemacht haben, geht aus den Berichten von Aussteigern hervor.

Augenfällig ist Begriffsverwirrung rund um die Funktionen am Beispiel der Wiener →Org.

Neben der eigentlichen »Scientology-Church« gibt es eine ganze Reihe von Organisationen für jeden Bereich des gesellschaftlichen Lebens: Criminon zur Resozialisierung Krimineller, Narconon für den Kampf gegen Drogen, ABLE für die Erziehung, WISE für die Wirtschaft, CCHR oder KVPM als »Kampfinstrument« gegen die Psychiatrie und viele andere mehr. Sie alle sind jedoch vorwiegend der Mitgliederwerbung für Scientology selbst gewidmet.

Das Kursangebot reicht von einfachen und billigen Einstiegsangeboten, wie beispielsweise dem bekannten Kommunikationskurs, den sich jeder leisten kann, bis hin zu teuren Spezialkursen in den europäischen Zentralen Kopenhagen und East Grinstead in England und den noch teureren in Clearwater Florida oder auf Flag, dem legendären Scientology-Schiff. Dort sollen – so erzählen Scientology-Aussteiger – 1.000 Dollar pro Tag zu bezahlen sein.

Wer bei Scientology einsteigt, ist Preclear und hat als erstes Ziel, →Clear zu werden, das bedeutet, überhaupt erst als »bewusster« Mensch anerkannt zu sein. Danach folgen die OT-Stufen. →OT bedeutet operierender Thetan (entsprechend dem Glauben, an die Thetanen als körperlose Geist-Seele-Wesen). Die OTs sind wiederum in verschiedene Stufen unterteilt, vom OT1 bis zum OT10. Realistisch ist allerdings bisher nur der OT8. Diese Hierarchie weist Ähnlichkeiten zu jener des O.T.O. (Ordo Templi Orientis) des Satanisten Alisteir Crowley auf, in dem Hubbard nachweislich aktiv war. Ein OT kann angeblich die unglaublichsten Dinge, wie etwa die Zeit »einfrieren«, fliegen, andere Menschen telepathisch beeinflussen, das Wetter verändern und ins Weltall reisen, wie es angeblich auch Hubbard selbst getan hat. Vorführen können sie allerdings keine einzige dieser Fähigkeiten, denn diese sind geheim. Auch das »Wissen«, das in den extrem teuren OT-Kursen vermittelt wird, ist für angehende OTs noch auf jeweils niedrigeren Stufe geheim, obwohl mittlerweile zu großen Teilen im Internet verfügbar. Doch unter Scientologen wird die Angst verbreitet, sie könnten in Zustände höchster Verwirrung geraten, würden sie nicht die richtige Reihenfolge der Kurse einhalten. Ungefähr parallel zu diesen Hierarchiestufen gibt es jene der Auditoren, für die ein eigenes Kurssystem existiert. Undurchschaubar verbunden mit den Auditor-Rängen sind jene der »Geistlichen«.

Die andere Hierarchie ist jene der Spender an die Kriegskasse, genannt »War Chest«. Die erste Stufe ist der Patron. Ein Patron ist jemand, der mindestens 40.000 Dollar an die IAS (Internationale Vereinigung von Scientologen) spendet. Die nächste Ehrenstufe, »Senior«, kostet schon 100.000 Dollar, der »Patron Meritorius« ist für 250.000 Dollar zu haben. In »Impact«, dem Magazin der IAS , werden 1994 221 Patrons aus Deutschland, 31 aus Österreich und 153 aus der Schweiz namentlich aufgelistet. Mit dem Geld aus der Kriegskasse finanziert die IAS beispielsweise Publikationen der CCHR (Citizens Commission on Human Rights, auch KVPM genannt: Kommission für Verstöße der Psychiatrie gegen Menschenrechte).

Durch das Berichtswesen, das für alles und jedes existiert, gibt es über jede Person im Dunstkreis von Scientology ein umfangreiches Wissen. Idealerweise werden diese Berichte (Ethikberichte, Wissensberichte, Withhold/Overt-Berichte usw.) immer an die nächsthöhere Stelle weitergegeben.

Wer ist Mitglied?

Die Mitgliedschaft bei Scientology ist nicht nach den üblichen Gesichtspunkten geregelt. Die verbindliche Mitgliedschaft ist jene bei der IAS. Sie wird gewöhnlich schon mit den ersten Kursen angeboten, die für Mitglieder billiger seien. Ob jemand nun auch Mitglied bei der örtlichen →Org ist oder bei einem Scientology-Verein, wie er in vielen Staaten besteht, ist zweitrangig.

Für nicht mit diesem System Vertraute können sich daraus merkwürdige Situationen ergeben. So haben verschiedene politische Parteien in Deutschland und in Österreich in ihre Statuten aufgenommen, dass eine Mitgliedschaft in der Partei und bei Scientology unvereinbar ist. Doch welche Art der scientologischen Mitgliedschaft meinen sie?

Immer wieder kommt es vor, dass jemand sich bestätigen lässt, kein Mitglied zu sein. Das kann die örtliche Org besten Gewissens tun (ganz abgesehen von der scientologischen Vorstellung, dass Nichtscientologen jederzeit belogen werden dürfen) und auch einem IAS-Mitglied bestätigen, dass es nicht bei Scientology ist.

Aus dieser Konstellation ergeben sich auch die vielen unterschiedlichen Zahlenangaben über die Scientology-Mitglieder. Je nach Bedarf sind es eben mehr oder weniger. Man kann dazu verschiedene Arten der Mitgliedschaft heranziehen, weshalb die Mitgliederzahlen für Deutschland sehr stark schwanken können: Einmal ist nur eine →Org gemeint, dann wieder eine Region, einmal eine Art der Mitgliedschaft, dann eine andere. Übersichtlich ist Österreich als Beispiel, wie mit Mitgliederzahlen jongliert werden kann: 1994 gibt Scientology hier rund 7.000 Mitglieder an, weltweit sollen es ca. acht Millionen gewesen sein; die Mitgliederzahlen schwanken, schenkt man Scientology Glauben, noch viel mehr; so war schon von 30.000 und mehr die Rede. Diese Zahl erscheint maßlos übertrieben, hat doch die IAS nach Angaben in ihren Magazinen nur etwas über 100.000 Mitglieder weltweit. Mittlerweile behauptet Pressesprecher Böck mehrfach, dass es in Österreich 2.000 Mitglieder gibt, nachdem offenbar die Nennung einer geringeren Anzahl in Zeiten, in denen *Scientology* als gefährlich erkannt wurde, als vorteilhafter erscheint. Tatsächlich dürfte die Zahl der AnhängerInnen weltweit nicht viel mehr als 100.000 betragen, lässt man die Ausgetretenen und einmaligen Kursbesucher außer Acht. Es kommt hinzu, dass eine Mitgliedschaft eine Milliarde Jahre gelten soll und Austritte nicht akzeptiert werden. Wer also einmal einen Kurs bei Scientology gemacht hat, kann für alle Zeiten in der Mitgliederkartei stehen. Das beweisen auch Zusendungen an Personen, die bereits vor zwanzig Jahren ihren Austritt erklärt haben. Draußen ist nur, wer »declared«, also als »Feind« erkannt wird.

Zum Welt- und Menschenbild

Wie u.a. an Hand der theoretischen Erläuterungen zu den sogenannten →»Engrammen« unschwer festzustellen ist, liegt eine der wesentlichen Wurzeln des propagierten Welt- und Menschenbildes der Scientology im Behaviorismus aus den Anfangstagen unseres Jahrhunderts. Offenbar einem eindimensionalen Ursache-Wirkung-Denken verpflichtet, findet Hubbard einfache Erklärungen für komplexe Phänomene[16]. So erklärt er auch vordergründig irrationale Verhaltensweisen oder andere ihm falsch erscheinende (Re)aktionen von Menschen als simple Reiz-Reaktions-Folgen (Hubbard verwendet diesen Terminus besonders häufig) Pawlowscher Prägung: Bei Pawlows Hund beginnt der Speichelfluss, wenn ein Glöckchen klingelt, weil ursprünglich ein Zusammenhang zwischen Glöckchen und Futter geschaffen wurde; bei Hubbards Menschen löst z. B. ein leises Klirren (wie das chirurgischer Instrumente) einen Schmerz in der Brust aus, weil dieser Zusammenhang während einer Operation im Brustraum entstand[17]. Hubbard bezeichnet diese Mechanismen wörtlich als »Fehlprogrammierungen«. Physische und psychische Störungen haben in ihnen ihre Ursache[18]; »konventionelle« Wurzeln wie etwa Vererbung werden nicht in Erwägung gezogen.

Die »Fachsprache«, die Hubbard verwendet, ist der Technik, v. a. der Computerterminologie entlehnt; im Zusammenhang mit psychischen Vorgängen spricht er von »Schaltkreisen«, »Aus- und Einrasten« oder »Ladung«. Und wie ein Techniker mit seinem Messgerät nach defekten Leiterbahnen oder Widerständen sucht, versucht auch der »Auditor« mit seinem →E-Meter →Engramme aufzuspüren, die das »richtige« Funktionieren des Menschen verhindern. Mit diesem Gerät, so die Theorie, kann man »den geistigen Zustand und die Veränderung des Zustandes von Individuen messen.« (FWS[19] S. 26). Ganz deutlich wird das Menschen-

bild der Scientology an der Definition des »Wog« (einer der Be-
zeichnungen für einen Nichtscientologen): »Dies bedeutet einen
gewöhnlichen, ... seriengefertigten Humanoiden.« (FWS S.112)
Hubbards Idealbild eines Menschen ist ein berechenbar (weil absolut logisch) agierendes Wesen, das auf seine gesamte »Daten-
bank« jederzeit Zugriff hat, mit hundertprozentig funktionsfähi-
gen Sinnen, das nie krank ist und sich auch nicht irren kann. (vgl.
Dianetik S. 92)

Die gesamte sogenannte →»Tech« dient dazu, möglichst viele
Menschen diesem Ziel möglichst nahe zu bringen:

Schon im Kommunikationskurs trainiert der Student, keine Emotionen zuzulassen; bei einer Übung geht es nur darum, alles, was
der Trainer sagt oder tut, mit völliger Gelassenheit zu beobach-
ten (und das nicht nur äußerlich!). Selbst wenn dieses Training so
manchem das tägliche Leben zunächst erleichtert, was es für die
Erlebnisfähigkeit eines Menschen bedeutet, dieses Training regelmäßig und intensiv zu betreiben (Scientologen machen diese
Übungen immer und immer wieder; manchmal mehrmals täglich), kann sich jeder leicht ausmalen.

Und bei einer speziellen Art von →Auditing, die normalerweise
ganz am Anfang angewandt wird, geht es in stundenlangem Training darum, dass der Auditierte (gewöhnlich nach einem stundenlangen Prozess) immer dieselben Handlungen auf Anweisung
des Auditors ohne Verzögerung immer exakt gleich vollzieht;
z. B. »Gib mir diese Hand!«. Menschen funktionieren hier quasi
»auf Knopfdruck« wie Roboter. Für Dinge, die nach allgemeinem
Verständnis nicht gemessen oder genormt werden können, gibt
es in Scientology Skalen und genau definierte Hierarchien; die
schon erwähnte →Emotionsskala gehört ebenso dazu wie das
scientologische →Ethik-System; mit genau festgelegten »Formeln«
(sie heißen wirklich so!) kann man von einem Ethik-Zustand in
den nächst höheren gelangen.

Die Welt, in der die Scientologen leben, gleicht offenbar eher einem gefährlichen Dschungel als jener Zivilisation, in der wir zu leben glauben:

»Es ist ein hartes Universum ... nur die Tiger überleben – und sogar sie haben es schwer.« (→HCOPl 7. 2. 65) Was für ein Glück, dass Hubbard seinen Anhängern ein dickes Buch mit der »Wissenschaft vom Überleben« hinterlassen hat!

Es ist allerdings kein Wunder, dass unsere Welt so hart und grausam ist. Schließlich, so erzählt Hubbard u. a. in den Materialien zur Bewusstseinsstufe →OT3 (sie wird üblicherweise erst nach längerer Zugehörigkeit zu Scientology erreicht), geht das menschliche Leben auf unserem Planeten auf eine unvorstellbare Grausamkeit zurück, die sich vor Jahrmillionen ereignet hat. Xenu, Oberhaupt einer Planeten-Föderation ließ als Abhilfe gegen die herrschende Überbevölkerung, mit Hilfe von Psychiatern Milliarden von Bürgern einfrieren und auf die Erde bringen. Etwa 76 mal 178 Milliarden tiefgefrorene Leute wurden dann durch in Vulkanen plazierten Wasserstoffbomben getötet; ihre herumirrenden Seelen (scientologisch »Thetane«) wurden in elektronischen Fallen gefangen und durch implantierte »Schaltkreise« mit irreführenden Informationen versehen. An all dem leiden wir bis heute!

Diese Geschichte macht auch verständlich, warum im Glaubensbekenntnis betont wird: »Wir von der Kirche glauben, dass der Mensch im Grunde gut ist. Dass er danach strebt zu überleben« und »dass alle Menschen das unveräußerliche Recht auf ihre eigene Verteidigung haben.«

Und wie verteidigt man sich am wirksamsten? »Der einzige Weg, wie irgendetwas verteidigt werden kann, ist anzugreifen. Und wenn Sie sie jemals vergessen, dann werden Sie jede Schlacht verlieren, in die Sie jemals verwickelt werden ...«. (Hubbard-Aufsatz aus den Technical Bulletins Ausg. 76, zitiert nach http:/ /www.access.ch/pwidmer/SCI/texte.html)

So gesehen ist das in der Folge beschriebene Wertsystem logisch erklärbar.

Ethik und Werte in der Scientology-Leistungsgesellschaft

Manchem mag es zunächst gar nicht auffallen, weil wir Ähnliches aus unserer täglichen Umgebung nur allzu gut kennen: Eine der wesentlichen Grundlagen von Scientology ist ein ausgeprägtes Leistungsprinzip, das hier allerdings bis ins Absurde übersteigert wird: Scientologen müssen ständig mit Statistiken ihre stetig steigende Leistung dokumentieren. Dabei gilt es bereits als »niedrige Statistik«, wenn man an einem Tag gleich viel leistet, wie am Tag vorher. Ziel ist es, seine Leistung ständig deutlich zu steigern. Dass dies irgendwann schon aus rein rationalen Gründen unmöglich wird, scheint allerdings nur wenigen Scientologen klar zu werden. Auch wird ausschließlich eine quantitative Steigerung berücksichtigt; ein qualitativer Aufschwung findet keine Berücksichtigung.

Wie wichtig es für Scientologen ist, dieser Forderung nach ständig steigender Statistik zu entsprechen, zeigt ein anderes Faktum: Die Kurve dient nämlich als Indikator für den sogenannten →Ethik-Zustand eines Scientologen (aber auch einer Abteilung, einer Niederlassung oder eines Unternehmens).

Schon diese Termini lassen erahnen, dass Ethik in Scientology nicht dasselbe heißt, wie im allgemeinen Sprachgebrauch; und tatsächlich: Ethik bedeutet hier »Vernunft und Erwägung in Bezug auf optimales Überleben« (Fachwortsammlung S. 29). Im scientologischen Sinn ist es ethisch, alles zu eliminieren, was gegen Scientology gerichtet bzw. auch nur anders orientiert ist als die Lehre Hubbards.[20] Natürlich, denn: »Der Kriminelle scheut das Tageslicht. Und wir sind das Tageslicht. Und begreifen Sie dies als eine technische Tatsache, nicht als eine hoffnungsvolle Idee.« (→HCOPl 5. 11. 67) So gesehen sind wohl auch die viel zitierten Empfehlungen für den Umgang mit Kritikern und »Feinden« im scientologischen Sinn als ethisch einzustufen, auch wenn dabei deren Verletzung oder Tod in Kauf genommen wird.[21] Wie sie juristisch zu bewerten wären, müsste noch geklärt werden.

Manche Menschen sind schon auf Grund ihres Berufes automatisch »Feinde«. Und die schlechtesten von allen sind die Psychiater. Um das zu erklären braucht man wohl – bedenkt man alles bisher Beschriebene – nicht einmal Hubbards Biographie heranzuziehen. Das Feindbild Psychiater jedenfalls wird in der gesamten Scientology-Literatur wieder und wieder »liebevoll« ausgemalt und gepflegt.

Wenn aber jemand seinem Plansoll eines Tages nicht mehr gerecht werden kann, hat er in der »Scientology-Welt ohne Kriege, Geisteskrankheiten ...« keinen Platz.[22] Scientology hat eindeutig nicht im Sinn, sich mit Leuten zu belasten, die am Ende ihrer Leistungsfähigkeit angelangt sind. Wer zu wenig leistet, der hat diesen unerwünschten Umstand durch irgendwelche Verfehlungen selbst verursacht[23] und selbst grundlegende Menschenrechte werden ihm aberkannt: »Wir haben Dich lieber tot als unfähig.« (→HCOP 7. 2. 65)

Mit den Menschen, die auf Grund ihres Alters, ihrer Gesundheit oder aus einer anderen (auch unverschuldeten) Ursache am Rande der Gesellschaft leben, will Scientology offenbar nichts zu tun haben. Der Sozialstaat »kann als der Staat definiert werden, der die Nichtproduktion auf Kosten der Produktion belohnt.« (→HCOPl 6.3. 66) – so Hubbard. Und Formulierungen wie die folgende sind keine Seltenheit:

»Wenn der Durchschnittsbürger zusammenrechnet, was er der Regierung bezahlt, wird er feststellen, dass seine Arztbesuche sehr teuer sind. Allein der chronisch Kranke, dessen Zustand von den Gesunden bezahlt wird, hat einen Nutzen davon. ... *er wird mit der Pflege belohnt, die mittels der Bestrafung der Gesunden bezahlt wird.*«(→HCOPl 6.3.66)[24]

Sogar die Opfer des Holocaust sind für L.Ron Hubbard – ganz im klassischen Sinn »selber schuld«: »Im weiteren Verlauf meines Lebens fand ich heraus, dass allein diejenigen, die nur den Frieden suchen, abgeschlachtet werden. Die Jahrtausende lange Passivität hat den Juden nichts als Abschlachtung eingebracht.« (→HCOP 7. 12 69/VMB s. 357)

Geld und Macht, Leistung und Fähigkeit sind also Werte, die für Scientologen wichtig sind oder zumindest wichtig sein sollten. U. a. an den vielen Skalen, die es in Scientology gibt, kann man auch gut erkennen, was verpönt ist:

Opfer bringen (-6,0 auf der →Emotionsskala -40 bis +40), Körper beschützen (-2,2 ebd.), Wieder gut machen (0,375), Mitleid (0,9), Furcht (1,0), Schmerz (1,8). Wie mit Menschen umzugehen ist, die sich fürchten, Mitleid haben oder bereit sind, Opfer zu bringen, macht Hubbard ebenfalls deutlich:

»Um mit Personen von 2.0 an abwärts umzugehen, gibt es nur zwei Möglichkeiten, und keine von beiden hat damit etwas zu tun, mit ihnen zu diskutieren oder sich Rechtfertigungen für ihre Handlungen anzuhören. (...) Die zweite ist die, sie ruhig und ohne eine Träne zu vergießen loszuwerden. Kreuzottern sind sichere Bettgenossen im Vergleich zu Menschen in den unteren Bereichen der Tonskala.« (L.Ron Hubbard, Die Wissenschaft des Überlebens, Teil 1, S. 171f.)

Verbunden mit dem Satz aus dem Ehrenkodex: »Fürchte nie, einen anderen in einer gerechten Sache zu verletzen«, könnte man glatt das Gruseln lernen!

In der Arbeitswelt

Arbeit ist ein wesentliches Element für das aktive Mitglied: In einer →Org gibt es immer etwas zu tun, die Arbeitszeiten sind lang, Arbeit führt zum Erfolg. Doch nicht jede Arbeit ist erfolgsversprechend, sondern nur die scientologisch organisierte.

Arbeit stellt für Scientologen auch im Berufsleben etwas besonders Wichtiges dar, das Wesentliche ist dabei die Kontrolle über alles und jeden, wobei Kontrolle bei Scientology wörtlich zu nehmen ist, im Sinne totalitärer Regime. Hubbard hat der Arbeit ein eigenes Buch gewidmet: »Die Probleme der Arbeit« (Kopenhagen 1973). Scientology hilft nach Hubbard »dem Arbeiter und dem leitenden Angestellten, indem sie ihm zu erhöhter Leistung und zu größeren Fähigkeiten, zur Herabsetzung seiner Müdigkeit und zur größeren Sicherheit im Betrieb des Alltags verhilft.« (Die Probleme der Arbeit, Einleitung)

Besonders stolz ist Scientology, dass sie mit Hilfe ihrer Managementberatung in viele große Unternehmen eindringen konnte. Für die Personalvermittlung gibt es eine eigene Firma, die »U-Man international«. Weitaus bekannter sind die scientologischen Managementberatungsunternehmen, wie etwa die Firma »Business Success«, die von Österreich aus nach Deutschland expandiert. Sie bietet neben vielen anderen Seminaren »Das unglaubliche Verkaufssemiar« an. Die Kursunterlagen der *Business Success* enthalten den Vermerk »Copyright by L. Ron Hubbard«.

Die Unternehmensberatung geht streng nach Hubbard vor und gilt bei seriösen Unternehmensberatern als völlig veraltet und dem Denken der unmittelbaren Nachkriegszeit verhaftet. So gilt die nahezu ausschließliche Orientierung auf rein quantitative statistische Erfassung als sinnlos. Die Statistiken sind nach einem genau einzuhaltenden Schema zu erstellen, nicht einmal ein Abweichen im Format ist erlaubt. Die Arbeitsabläufe nach Hubbard sind stereotyp und unveränderlich: Auf jedem Schreibtisch haben auf der linken Seite drei Ablagekörbe, Basketts genannt, zu stehen, für Eingang, Ausgang und zu Bearbeitendes. Wie in allen anderen Bereichen auch, gibt es ein ausführliches innerbetriebliches Berichtswesen.

Business Success präsentiert sich (im üblichen holprigen Scientologen-Deutsch) 1994 in den »Europa News«, der Monatszeitschrift für WISE-Mitglieder, folgendermaßen: »*Business Success in Wien, Österreich, ist eine Consulting Gruppe, welche sich spezialisiert hat auf die Dissemination der LRH Verwaltungs-Technologie durch Verkaufs-Seminare, Grundlagen für Führungskräfte-Seminare und Kommunikations-Seminare. In den letzten Jahren ist die Gruppe eine der am schnellsten expandierenden Consulting Gruppen in Europa geworden. Die Gruppe besteht aus 43 Mitarbeitern und 12 Niederlassungen verstreut über Europa. Die Firma wird geführt von den zwei WISE Charter-Komitee-Mitgliedern Gerard Peissl und Franz Wagner. Die zwei haben zusammen ein sehr erfolgreiches Vorgehensmuster kreiert. Der Hauptservice, den sie liefern, ist ein wildes, unkompliziertes Verkaufs-Seminar. In der Tat, dieses Seminar ist so berühmt geworden, dass es zu Ihrem Markenzeichen wurde. Das Ganze ist gegründet auf der LRH-Referenz ›The Perfect Dissemination Program‹. Sie werden zu Verkäufern, denn diese haben die meisten Kommunikationslinien in die Geschäftswelt, und so, durch deren Mund-zu-Mund-Werbung auf ihren Kommunikationslinien, kreieren sie eine riesige Nachfrage für diese Seminare.*«[25]

Wie bei *Scientology* sind auch bei *Business Success* die Kurse gestaffelt, werden immer teurer und versprechen immer mehr Erfolg. Thema im Verkaufsseminar ist u. a. der Umgang mit unliebsamen MitarbeiterInnen. Die TeilnehmerInnen lernen, wie man andere gezielt überfordert, von Informationen fern hält und aus dem Betrieb ekelt.[26]

Pikant ist vor allem, dass das genannte Seminar von *Business Success* mit öffentlichen Geldern gefördert wurde: Ein Drittel der Seminargebühren musste von den teilnehmenden Betrieben bezahlt werden, ein weiteres Drittel kam vom österreichischen Arbeitsmarktservice und das letzte Drittel aus dem Projekt »Ziel 4« des Sozialfonds der Europäischen Union.[27] Eine solche Konstruktion wäre in Deutschland höchstwahrscheinlich nicht möglich, da die deutsche Öffentlichkeit Scientology gegenüber weitaus kritischer ist.

Tatsächlich gibt es Leute, die davon überzeugt sind, durch das Seminar zu besseren Verkäufern geworden zu sein, und die sich begeistert über das scientologische Verständnis von »Ethik« im Verkauf äußern.

De re publica

»Vielleicht werden in ferner Zukunft nur dem Nichtaberrierten (→aberriert) die Bürgerrechte verliehen. Vielleicht ist das Ziel irgendwann in der Zukunft erreicht, wenn nur der Nichtaberrierte die Staatsbürgerschaft erlangen und davon profitieren kann. Dies sind erstrebenswerte Ziele« (Dianetik, S. 487). »Eines Tages wird es vielleicht ein viel vernünftigeres Gesetz geben, das nur Nichtaberrierten erlaubt, zu heiraten und Kinder in die Welt zu setzen« (ebd. S. 378).

Was ist das für ein Staat, der da eine neue Art von Klassengesellschaft etablieren will? Kann man erraten, wie jener Scientology-Staat aussehen könnte, der dieses »erstrebenswerte Ziel« darstellt?

Eines lässt sich mit an Sicherheit grenzender Wahrscheinlichkeit behaupten: Es wird keine Demokratie sein, wie sie uns vertraut und in der westlichen Welt bewährt ist. Denn diese ist für Hubbard nicht schützenswertes Rechtsgut, sondern ständiges Ärgernis.

»Eine gänzlich demokratische Organisation hat in →Dianetics und Scientology einen schlechten Ruf« (→HCOPl 2 Nov 1970), schließlich kann Hubbard »nicht sehen, dass populäre Maßnahmen, Selbstverleugnung und Demokratie etwas anderes für den Menschen gebracht haben als ihn tiefer in den Schlamm zu stoßen. (...) Demokratie brachte uns Inflation und die Einkommenssteuern.« (→HCOPl 7 Feb 1965) »Demokraten hassen Intelligenz und Fähigkeit. Geraten Sie nicht in diesen Trott.« (→HCOPl 2. 11.)

Demokratie genießt also keinen besonders guten Ruf in Scientology; dafür werden in diesem Gemeinwesen wohl wieder Mittel eingesetzt werden, von denen wir gehofft haben, sie wären tief in der Mottenkiste der Geschichte vergraben. Die Organisation der »Scientology-Kirche« lässt es erahnen: Dort gibt es nämlich ein ausgeklügeltes Berichtswesen. Die ersten Erfahrungen, die ein Neuling damit macht, sind noch durchaus positiv (wenn auch möglicherweise in der Intensität befremdlich): Schon ab dem ersten Kurs wird er immer wieder dazu ermuntert (bzw. angehalten), alles aufzuschreiben, was man an Tollem und Neuem erkannt, erlernt oder erfahren hat. Diese Berichte werden in der Akte des Betreffenden gesammelt. Ebenso wie jene Berichte, in denen vermerkt wird, wenn er in den Verdacht gerät, sich irgendwann nicht ganz an die internen Richtlinien gehalten zu haben. Jeder Scientologe ist verpflichtet, wenn er etwas entdeckt, das nicht so ist, wie es sein sollte, der zuständigen Instanz einen entsprechenden schriftlichen Bericht zukommen zu lassen. Diese muss dann die den Richtlinien entsprechenden Konsequenzen ziehen (vgl. Zeitschrift International Scientology News 11/1999).

Und daran, dass Scientology tatsächlich auch politische Herrschaft anstrebt, daran dürfte kein Zweifel bestehen: »[...] unsere Zentrale Organisation wird dann einen Polit-Offizier haben und wenn ihr dann die Umgebung gesäubert habt, ist der einzige Zweck Eures Zentrums, ein politisches Zentrum zu sein und dann seid ihr die Regierung und keiner kann das bestreiten.«, heißt es auf einer Originalkassette mit Vorträgen Hubbards zum Thema »Creating A New Civilization« (zitiert nach der Scientology-Broschüre des bayrischen Innenministeriums).

»Der Grund, weshalb eine Demokratie [...] zusammenbricht liegt darin, dass sie die Vorrechte der Mitgliedschaft auch denjenigen gewährt, die versuchen, sie zu zerstören.« (→HCOPl 17.3.1965)

Ist es weit hergeholt, wenn man angesichts dieser Aussage Scientology unterstellt, die Rechte, die jeder Bürger und jede Gruppierung in unserer Gesellschaft (noch) hat, zu nützen, diese Gesellschaft zu zerstören? In Verbindung mit der Tatsache, dass Scientologen schon in der kritischen Auseinandersetzung mit ihren Überzeugungen einen Eingriff in das Recht auf Religionsfreiheit sehen (vgl. den Versuch, Deutschland wegen Diskriminierung religiöser Minderheiten zu diskreditieren), allerdings selbst jemandem, der Mitleid mit anderen hat, das Lebensrecht abspricht (vgl. S.32), ergibt sich wohl ein eindeutiges Bild.

Fast selbstverständlich erscheint es nun schon, dass sich Scientologen dem Gemeinwesen, in dem sie derzeit leben, selbst nicht verpflichtet fühlen: »Scientology ist für ein freies Volk und ist zu diesem Zeitpunkt selbsterklärt frei von jeder politischen Verbindung oder Verpflichtung welcher Art auch immer.« (→HCOPl 10 Jan 1968)

Der scientologische Staat wird also nach unserem Verständnis wohl kaum ein demokratischer sein; er wird auch diejenigen nicht durch ein »soziales Netz« auffangen, die nicht (mehr) für sich selbst sorgen können. Wenn die Scientology »ihren eigenen Zielen treu bleibt«[28], wird sie wohl auch grundlegende Menschenrechte missachten:

»Die Schriften der SO deuten auf eine von ihr angestrebte Rechtlosigkeit von Personen, die vom scientologischen Menschen- und Gesellschaftsbild abweichen. Es kann dahinstehen, ob damit ›Straftäter‹, →Aberrierte oder beide Personengruppen gemeint sind. In der Absolutheit, mit der den ›Aberrierten‹ in den zitierten Textstellen ihre Rechte abgesprochen werden, sind die formulierten Ziele mit Art. 1 Abs.1 und Art. 3 Abs.1 GG unvereinbar. Nach diesem Menschen- und Gesellschaftsbild werden dem Einzelnen seine Menschenwürde und seine Menschenrechte genommen. In einer scientologischen Staats- und Gesellschaftsordnung wäre daher kein selbstbestimmtes Leben mehr möglich; die demokratischen Freiheitsrechte hätten keine Geltung mehr«, heißt es in der oben genannten Broschüre des bayrischen Innenministeriums.

Überhaupt würde wohl das ganze Rechtssystem eine gravierende Umgestaltung erfahren, da Scientology »glaubt, dass ehrliche Menschen Rechte haben und dass unredliche Menschen eben durch diese Unredlichkeit ihre Rechte eingebüßt haben.« (u.a. →HCOPl 15. 10. 85 zitiert nach der Münchner Broschüre) – Abgesehen vom Grundsätzlichen sind diese Rechte bekanntlich gerade dann besonders wichtig, wenn noch gar nicht feststeht, ob ein Mensch zu den Redlichen oder Unredlichen gehört!

Und auch Verbrecher sind nicht gleich Verbrecher: Bei Scientology zählt zu »Verbrechen« z. B. »Anstiftung zum Ungehorsam; sich zu weigern, von der SO verhängte Strafen zu akzeptieren; Materialien oder Richtlinien der Scientology lächerlich zu machen oder sie Verachtung und Hohn preiszugeben«. Zu den Schwerverbrechen gehört »sich öffentlich von der Scientology abzukehren« oder »vor staatlichen oder öffentlichen Untersuchungen der Scientology feindlich Zeugnis abzugeben« (vgl. Einführung in die Ethik der Scientology S. 195 ff.), Taten, die bei uns als Schwerverbrechen gelten, sind für Scientologen offenbar nicht so schlimm: »Das ist es, was produzierende Mitarbeiter mit hoher Statistik sind (...). Mit einem Mord kommen die ungestraft davon, ohne dass die Ethikabteilung mit der Wimper zuckt«. (→HCOPl 25.5.1982)

Unter diesen Umständen klingt es fast schon wie eine Drohung, wenn betont wird, dass die Gesellschaft »überschwemmt« werden und das Scientology-eigene Rechtssystem angewandt werden soll.[29]

Wie sehr Scientologen angehalten werden, die bestehende Rechtsordnung zu achten, geht aus Folgendem wohl klar hervor: »Reagieren Sie nicht auf Scientology-Recht, als wäre es Wog-Gesetz. Wog-Gerichte sind wie ein Würfelspiel ...«.

Dieses Berichtssystem wird unterstützt durch immer wiederkehrende »Sicherheitsüberprüfungen«; immer wieder muss ein Scientologe am →E-Meter bestätigen, kein Journalist und kein Geheimagent zu sein; er muss über sich und ihm nahe stehende Personen Auskunft geben usw.

Sogar für Kinder gibt es diesen Check schon, bei dem u.a. gefragt wird: »Was hat dir jemand verboten zu erzählen?« oder »Hast du jemals an deinem Körper etwas gemacht, das du nicht hättest tun sollen?««

Es gäbe noch vieles zu sagen, aber wir verlassen jetzt die Utopie eines Scientologystaates. Was hier und heute geschieht, ist interessant genug!

Anmerkungen

1. Titel eines »Reräsentationsbandes« der Scientology Organisation
2. »Scientology ist eine praktische Religion für alle Bekenntnisse und *erfordert keinen Glauben* (Hervorhebung durch den Verfasser) an irgendjemanden, bis sie irgendetwas gefunden haben, an das sie glauben können.« (Technical Bulletins Bd. II s.266 = PAB 16.9.55)
3. Dass die Lehrmeinung von Scientology »aller vordergründigen Beliebigkeit zum Trotz« z.B. mit christlichen Werten keineswegs vereinbar ist, kann hier leider nicht im Detail ausgeführt werden; aber wer das Buch genau liest, kann sich auch darüber sicher eine fundierte Meinung bilden!
4. »Das Reinigungs-Programm umfasst Saunabesuche zum Schwitzen, die die Befreiung des Individuums von den schädlichen Auswirkungen von Drogen- und Chemikalienrückständen unterstützen sollen.«
5. Dianetik is a science, *it has no opinion about religion* (Hervorhebung durch den Verfasser) for sciences are based on natural laws, not on opinions.« (Technical Bulletins Band I, S.38)
6. »... jetzt hat L. Ron Hubbard in seinen *Forschungen* nicht nur *bewiesen*, dass Einstein Recht hat mit dieser Aussage (Wir nutzen nur 10% unseres geistigen Potentials), sondern, viel wichtiger, hat er in seinem Buch »DIANETIK: Die moderne Wissenschaft der geistigen Gesundheit« gezeigt, wie man diese schlafenden 90% erschließen kann. ... Finden Sie für sich heraus, wie die Anwendung der DIANETIK-*Technologie*(!) *Intelligenz erhöhen kann*«.
7. »*Scientology ist ein Zweig der Psychologie, die sich mit menschlichen Fähigkeiten befasst*«. (Technical Bulletins Bd. II s.405 = PAB vom 1.5.56) »*Scientology ist die Wissenschaft vom Wissen. Scientology ist die Wissenschaft von der Kenntnis der Wissenschaften.*« (Scientology 8 – 8008, S. 11)
8. vgl dazu auch: »Die Funktionsfähigkeit der Scientology erhalten« (→HCOPl 7. 2. 1965) und »Zum Schutz der Technologie«. (14. 2. 1965)
9. In der Welt der Scientologen gibt es eine ganze Reihe von Skalen und Stufenleitern; eine davon sind die sogenannten Ethik-Zustände, die von »Verwirrung« bis »Macht« reichen. Einige Details dazu siehe S.32
10. »Dianetics richtet sich an den Körper. Dn wird daher verwendet, um Krankheiten, unerwünschten Empfindungen, Missemotionen, Somatiken, Schmerz usw. ein Ende zu setzen und sie zum Verschwinden zu bringen«. (Fachwortsammlung S. 20)
11. »Was? Heißt das, dass wir *die Geisteskrankheit selbst geknackt haben*? Genau das ... SP. Dies ist die Vielzahl an Arten von Geisteskrankheiten der Psychiatrie des 19. Jahrhunderts, alle in einer: Schizophrenie, Paranoia – die ganze Latte phantastischer Namen. Nur einen anderen Typ gibt es noch – die Person, die der unterdrückerischen Person in die Hände geraten ist. Dies ist der »manisch-depressive Typ, ...«. (→HCOPl 5.4.65)

12. Auditorenkodex: »Ich verspreche mit dem PC kein Mitgefühl zu haben«: I promise to run every major case action to a floating needle. (eine bestimmte E-Meteranzeige)

13. Der häufigste Einstiegskurs, bei dem die »Zuversicht« gelehrt wird, »dass einem Fragen gestellt werden können und man in der Lage ist, sie nicht zu beantworten, während man sie scheinbar zu jedermanns Zufriedenheit beantwortet.« (L. Ron Hubbard, Der Kurs Erfolg durch Kommunikation, Kopenhagen 1988, S. 56)

14. Die Vitamindosen sollen schrittweise im Lauf der Kur auf diese tägliche Maximaldosis erhöht werden: Vitamin A bis 50.000 internationale Einheiten, D bis 2.000 internationale Einheiten, Vitamin C 5 – 6 g, Vitamin E bis 2.400 internationale Einheiten, Vitamin B1 800 – 1.300 mg, Niacin 3.500 – 5.000 mg. (→HCOB 14. 2. 80, S.4)
    Vgl.dazu: Vitamindosis: Empfohlene Tagesdosis in mg (wenn nicht anders angegeben) für Erwachsene (entnommen aus Pschyrembel (Klinisches Wörterbuch). Ausgabe de Gruyter, Seite: 1643): Vitamin A 5.000 – 8.000 IE (Internationale Einheiten), D 00,1, E 30, B1 1,5, B2 1,6 – 2, BP Nicotinsäure 18 – 20, C 40 – 60.

15. »So, if a person can turn on skin cancer with this and if that should happen if niacin is continued, the skin cancer has run out completely. Other things that may turn on are hives (Nesselausschlag), flu-symptoms, gastro-enteritis, aching bones, upset stomach or a fearfull or terrified condition.There seems to be no limit to the variety of phenomena that may occur with niacin. ... The two vital and proven facts here are: When the niacin was carried on until these things discharged they did run out, as they will do ... it is a matter of record that what turns on will turn it off where niacin is concerned.« Wichtig sei nur, dass auch die übrigen Vitamine proportional erhöht werden, so entstünden keine Mangelsymptome. (→HCOB 6.2.78, rev. 24.4.83, re-issued 31.7.85, S. 14)

16. Ein anderes Beispiel dafür: »Der einzige Grund, warum jemand ein Studium aufgibt oder lernunfähig wird, liegt darin, dass er über ein unverstandenes Wort hinweggegangen ist.« (Dianetik S.6) »Es ist immer ein unverstandenes Wort, nie ein Konzept oder eine Idee (das einen Text nicht verstehen lässt)«. (→HCOB 4.9.71 R, Übers.H.K.)

17. Vgl. Dianetik S. 92

18. Glaubensbekenntnis: Psychosomatik

19. Fachwortsammlung für Dianetics und Scientology

20. »Der Zweck von Ethik ist: Gegenabsichten aus der Umwelt zu entfernen. Nachdem das erreicht worden ist, Fremdabsichten aus der Umwelt zu entfernen. Gegenabsicht: Entschlossenheit, ein Ziel zu verfolgen, das im Widerspruch zu den Gruppenzielen steht. Fremdabsicht: Geisteszustand, in dem man andere als die Gruppenziele verfolgen will.« (→HCOPl 18.6.68)

21. »Führe, ungeachtet einer persönlichen Gefahr, einen effektiven Schlag gegen die Feinde der Gruppe aus, ...« (dabei könne es schon geschehen,

dass diese mit dem Kopf aufs Pflaster knallen oder als Geburtstagsüberraschung das Wochenendhaus in Flammen aufgeht). (→HCOPl 6.10.67)
Eine Person, die in den Ethik-Zustand »Feind« zurückgestuft worden ist, gilt als vogelfrei: man darf ihr Eigentum abnehmen, sie in jeder Weise verletzen, ohne dass man von einem Scientologen bestraft wird. Man darf ihr Streiche spielen, sie verklagen, sie belügen oder vernichten. (→HCOPl 23.10.67)
»Falls wir von irgendjemandem oder irgendetwas oder irgendeiner Organisation an einem verwundbaren Punkt angegriffen werden, dann finden Sie genügend Drohmaterial gegen sie oder fabrizieren sie es, um sie zu veranlassen, um Frieden zu bitten. Frieden wird durch einen Austausch von Vorteilen gekauft, produzieren Sie also einen Vorteil, und erzielen Sie dann eine Einigung. Verteidigen Sie sich niemals. Greifen Sie immer an. Unternehmen Sie nie nichts. Unerwartete Angriffe in den Rücken des Feindes funktionieren am besten.« (Hubbard-Aufsatz vom 15. August 1960)

22. »Betrachten Sie also jemanden mit stetig niedrigen oder sinkenden Statistiken nicht einmal als Teil des Teams.« (→HCOPl 6.3.66)
Es gilt auch als verwerflich ... »die Gründe für niedrige Statistiken zu erklären, statt für höhere zu sorgen; – *es kann keinen zu akzeptierenden Grund geben!*« (Hervorhebung d. Verf.; natürlich auch nicht Krankheit, Alter, ...!). (→HCOPl 7.12.69)

23. »Eine Person mit schlechter oder niedriger Statistik an ihrem Posten hat immer einen Overt (= Verbrechen oder Vergehen) von der einen oder anderen Art begangen.« (→HCO-Pl 30.7.70)

24. Natürlich bezieht sich Hubbard hier auf das amerikanische Sozialsystem, das nicht nach dem Versicherungsprinzip organisiert ist – aber trotzdem!

25. Europa News. Die monatliche Zeitung für WISE Mitglieder (15.11.94)

26. Originalmitschrift liegt vor

27. Falter 44 (1997)

28. Ehrenkodex eines Scientologen

29. »Wenn wir über einen erstklassigen Gesetzeskodex und ein Rechtssystem verfügen, die den Menschen echte Gerechtigkeit bringen, werden wir die Gesellschaft schnell überschwemmen, und jeder wird gewinnen. Wo wir versagen, unsere eigene Administration, Technologie und unser eigenes Rechtssystem auf die Gesellschaft um uns herum anzuwenden (geschweige denn auf Scientology), werden wir versagen.« (→HCOPl 25.5.1982)

Meine Ehe mit einem Scientologen

Es gab viele Gründe, dieses Buch zu schreiben – und doch eigentlich nur einen: Scientology. Die Erlebnisse meiner fast vierjährigen Ehe, mein Zusammenleben mit einem Scientologen, das Einwirken von Scientology auf mein Leben, das Wissen um die Machenschaften, um das totalitäre Gedankengut und auch um das absolute Machtstreben dieser undemokratischen Vereinigung, die sich so gern als Kirche ausgibt, haben mich bewogen, einen unbequemen und schwierigen Weg zu gehen, den Weg an die Öffentlichkeit.

Dies ist mein Erfahrungsbericht über Scientology, dies ist der Bericht über all das Leid, das Scientology mir verursachte.

Am Montag, den 12.4.1999, wurde ich nicht von meinem Mann geschieden, ich wurde von der Scientology-Sekte geschieden. Die Ehe von Ilse und Peter wurde von Scientology und ihren Handlangern zerstört.

Ich habe aus Liebe geheiratet, und ich hatte den Traum von der glücklichen Ehe. Ich war bereit, für diesen Traum zu kämpfen. Doch dass ich ständig den Alptraum von Scientology als übermächtigen Gegner erleben würde, wusste ich zu diesem Zeitpunkt nicht, wollte ich lange nicht wahrhaben. Im Vertrauen auf die Kraft der Liebe und Zuversicht und auf auf meinen starken Willen bauend, begann damals für mich ein Kampf von ungeahnten Dimensionen, den ich fast vier Jahre lang führte und bei dem von Anfang an feststand, dass ich der Verlierer sein würde. Heute habe ich die traurige Gewissheit, dass eine Einzelperson nicht in der Lage ist, den Kampf gegen Scientology und ihre undemokratischen Spielregeln zu gewinnen. »Der Mensch als geistiges Wesen liebt Spiele«, so steht es bei Hubbard geschrieben. Scientology sorgt dafür, dass in einem solchen Spiel Gewinner und Verlierer von Anfang an feststehen.

»Das Leben kann man am besten verstehen, wenn man es mit einem Spiel vergleicht. Da wir bei vielen Spielen Außenstehende sind, können wir diese sachlich und unparteiisch betrachten. [...] Trotz der Vielzahl an Leiden und Schmerzen, Elend, Kummer und Mühsal, die im Leben vorhanden sein können, ist der Sinn des Daseins derselbe wie bei einem Spiel – nämlich: Interesse, Wettstreit, Aktivität und Besitz. Die Wahrheit dieser Behauptung wird dadurch nachgewiesen, dass man die Spielfaktoren untersucht und sie anschließend auf das Leben überträgt.« (L. Ron Hubbard: Eine neue Sicht des Lebens, Kopenhagen 1979, S. 28)

Es wird Zeit, dass viele Menschen aufstehen und sich zu wehren beginnen um die, die sich bereits wehren, mit Kraft und Mut zu unterstützen.

Soll die Zukunft unserer Nachkommen so aussehen, dass nur noch »angepasste« Menschen das Sagen haben? Sollen wir zulassen, dass gegen die, die nicht so denken, wie Scientology es vorschreibt, rücksichtslos agiert werden kann? Sollen die nächsten Generationen mit Indoktrinationen »glücklich« gemacht werden? Sollen alle Werte, die den Menschen heute noch wichtig sind, wie Freiheit, Demokratie, Liebe, Vertrauen, Freunde und Familie vom Tisch gewischt werden? Sollen unsere Kinder und Kindeskinder, wenn sie nach diesen Begriffen suchen, in einem Lexikon nachschlagen müssen, weil keiner sie ihnen mehr erklären kann? Soll eine Generation von ferngesteuerten Ignoranten diese Welt übernehmen? Sollen wir es zulassen, dass unser Leben und auch das Leben derer, die nach uns kommen, von undemokratischen Organisationen gesteuert wird, dass selbst die intimsten Momente kontrolliert werden?

Es liegt in unserer Hand, deutlich Nein zu sagen. Ich denke, wir haben unseren Kindern gegenüber viel mehr Verantwortung als wir uns vielleicht vorstellen können. Man muss mehr tun als nur eine besorgte Miene aufsetzen.

Das Kennenlernen ist arrangiert

Die Beziehung begann zu einem Zeitpunkt, als ich schon nicht mehr daran dachte, wieder einen Mann an meiner Seite zu haben- oder gar zu heiraten.

Es war im Sommer 1995 – ich hatte soeben meinen Beruf als Operationsschwester nach insgesamt 16 Berufsjahren an den Nagel gehängt, mein letztes Dienstverhältnis nach fünf Jahren gelöst, und war auf der Suche nach einer neuen sinnvollen Betätigung mit entsprechender Entlohnung. Ein Kollege empfahl mir Sigrid S. und sagte mir, sie hätte eine Art Schwesternagentur.[1] Dort könnte ich doch schauen, was es außerhalb der Wände des Operationssaales noch Interessantes gäbe. Sofort erkundigte ich mich, und nach einem Vorstellungstermin mit der Sekretärin und einigen Telefonaten mit Frau S. selbst, durch die wir herausfanden, dass wir alte Kolleginnen waren und uns vor fünfzehn Jahren schon getroffen hatten, bekam ich eine Stelle im Büro der Schwesternvermittlung als Dispositionskraft. Ich erstellte Dienstpläne für Krankenhäuser, die zu wenig Stammpersonal hatten und mit Leasingpersonal der Agentur besetzt wurden.

Durch Frau S. – ab nun für mich wieder Siggy – lernte ich ihre Nachbarin und beste Freundin Margit M. kennen. Die beiden Familien wohnten und arbeiteten im selben Haus. Siggys Schwesternagentur war in einem großen Raum einer wunderschönen Altbauwohnung gemeinsam mit Hannes M.s Grafikatelier untergebracht. Ein kleinerer Raum der Wohnung war an ein Ehepaar vermietet, das tagsüber nie da war, nie kochte, und auch nicht viele Sachen besaß, was ganz komisch war, weil die beiden schon länger da wohnten. Jeden Morgen gegen neun Uhr verließen sie zusammen das Atelier, beide in blauen Uniformen. Ich dachte zuerst, dass sie bei einer Wach-und Schließgesellschaft arbeiten würden. Aber hätten sie da nicht Nachtdienst? Siggy erklärte mir, sie arbeiteten in einem Büro in der Schottenfeldgasse, wo man solche Kleidung tragen musste.

Erst viel später lernte ich die beiden in ihrer Funktion als Leiter der Scientology-Org (→ Org) in Wien kennen[2], aber bis dahin sollte noch einige Zeit vergehen. Mir fiel nur immer wieder auf, dass diese Menschen eine eigene Art von Sprache zu haben schienen, mit der sie sich untereinander sehr gut verstanden. Man schien überhaupt mit allen sehr gut befreundet zu sein.

Siggys Büropersonal durfte die Küche des Ateliers mitbenutzen. Jeder kannte jeden, man war stets freundlich und zuvorkommend zueinander. Wie von selbst ergab sich eine morgendliche Frühstücksrunde, bei der auch so manche persönliche Angelegenheit diskutiert wurde. Ich war damals immer wieder aufs Neue erstaunt, wie einfach hier Lösungen für jedes einzelne Problem gefunden wurden.

Margit betrieb eine Art Schlankheitsstudio, von dem ich später mehr kennen lernen sollte. Alle meine neuen Bekannten waren mir sehr sympathisch. Hannes arbeitete unter anderem für die Post – er gestaltete Briefmarken und Telefonwertkarten – und für den Tiergarten Schönbrunn, wo ich später einmal seine Bilder hängen sah. Bald erfuhr ich, dass Margit sehr gern Leute verkuppelt und diese Beziehungen angeblich auch funktionierten. Bei einer solchen Aktion half ich mit, einem mir gut bekannten Arzt eine Künstlerin, eine alte Bekannte Margits, vorzustellen und näher zu bringen. Diese Bekannte war natürlich eine Scientologin, was ich damals noch nicht wusste.

Ich arbeitete den ganzen Sommer hindurch in Siggys Büro. In dieser Zeit endete die Beziehung zu meinem langjährigen Freund Herbert* in Linz. Darüber war ich sehr traurig, obwohl ich dieses Ende auch wollte. Siggy und Margit wollten mich immer wieder aufheitern und ablenken – und sie suchten ohne mein Wissen einen Mann für mich. Eine dieser Bemühungen, mich auf andere

46

Gedanken zu bringen, war ein Ausflug an die neue Donau. Mit Siggy, ihrem Mann Günther und dessen Bruder Fritz war ich schwimmen und Eis essen, weil Günther S. mit seinem neuen Auto eine Spazierfahrt machen wollte. Wir hatten einen recht gemütlichen Nachmittag.

Mein Badezimmer war renovierungsbedürftig, stellte Margit bei einem Besuch fest. Kurze Zeit später rief ein Mann mit einer sympathischen Stimme an und sagte, er wolle mein Badezimmer besichtigen und renovieren. Als ich ihn fragte, woher er von meinem desolaten Bad wisse, sagte er, Margit habe ihm das gesagt, sie sei eine gute Freundin von ihm. Nach vier Wochen und mehreren Telefonaten hatten wir einen Besichtigungstermin für den 9. August ausgemacht. Um 19 Uhr stand er vor meiner Tür, ein sympathischer, gut aussehender, junger Mann mit einem strahlenden Lächeln im Gesicht. Er besichtigte mein Badezimmer, nannte mir dann einen viel zu hohen Preis. Ich sagte ihm, er könne das Badezimmer erst später renovieren, denn derzeit könne ich es mir finanziell nicht leisten. Ich hatte mein Urlaubsgeld in eine New-York-Reise mit meinem Sohn investiert, in zehn Tagen sollten wir fliegen. Das war sein Stichwort, er erzählte mir sofort, dass er auch schon in den USA war, in Florida und in Kalifornien. Ein paar Augenblicke später hatten wir im Wohnzimmer eine Karte der USA auf dem Boden ausgebreitet und erzählten einander, wo wir schon überall waren. Ich verliebte mich auf der Stelle. Tags darauf wurde ich von Margit und Siggy für dieses tolle Erlebnis →bestätigt. Noch mehr, Margit erzählte mir von ihrer Ehe mit Hannes, dass sie beide schon nach vier Wochen geheiratet hätten und die Ehe nun schon seit 16 Jahren bestehe. Sie sagte mir nun, dass sie dieses Zusammentreffen mit Peter arrangiert habe. Sie sei sicher, dass er mich sehr bald fragen werde, ob ich ihn heiraten wolle. Mir ging das doch zu schnell, und ich sprach mich gegen übereiltes Heiraten aus. In den nächsten Tagen redeten mir die beiden Frauen meine Bedenken systematisch aus. Ich war zu diesem Zeitpunkt unsterblich verliebt. Man hätte mir also sehr viel einreden können. Von Margit bekam ich ein Buch über Emotionen (→ Emotionsskala) von Ruth Minshull[3] in die Hand gedrückt. Das solle ich doch lesen, empfahl sie mir nachdrücklich.

Was ich bis zu diesem Zeitpunkt nicht wusste, war, dass alle Personen, mit denen ich zu tun hatte, Scientologen waren. Peter erzählte mir erst von Scientology, als wir uns besser kannten. Im ersten Moment musste ich über seine Geschichte lachen, vielleicht weil ich den Namen komisch fand. Ich hatte aber keine Vorstellung, was Scientologen machten und was Scientology wirklich war. Peter erklärte mir, es sei eine Religion, die um Anerkennung in Österreich und anderen europäischen Staaten kämpfe. Die Scientology-Religion sei dem Buddhismus[4] sehr ähnlich und man habe sich die Erkenntnisse aus dieser Weltreligion zu Nutze gemacht und verbessert. Er erzählte total begeistert, mit dieser Religion sei ihm erst bewusst geworden, was er als Mensch alles machen könne, wie er sein Leben verbessern könne und immer weitere Verbesserungen anstreben wolle. Dazu müsse man Kurse in der Scientology-Kirche machen – wow, dachte ich, wo habe ich bisher gelebt?

Ich fragte ihn, wann es Messen für die Religionsmitglieder gäbe? Die Antworten waren ausweichend: Der Glaube sei nicht gottbezogen. Ja, es gäbe Andachten, am Sonntag, hin und wieder, wenn genug Leute zusammenkämen. An dieser Stelle hörte ich den Vergleich mit dem Buddhismus, der auch keinen Gott habe – dabei dachte ich noch, dass es sich eben um eine ganz besonders spirituelle Form der Religion handeln müsse.

»Leben ist eine Ursache, die auf das physikalische Universum einwirkt, welches eine Wirkung ist. Es gibt jetzt erdrückenden Beweis, um dies zu belegen. Im physikalischen Universum gibt es kein wahres Statik. Von jedem scheinbaren Statik ist entdeckt wor-

den, das es Bewegung enthielt, aber das Lebensstatik ist offenbar ein echtes Statik.« (L. Ron Hubbard: Eine neue Sicht des Lebens, S. 128)

Mir ist nichts Außergewöhnliches bei all den genannten Personen aufgefallen, sie waren immer heiter, hatten stets ein gewinnendes Lächeln auf den Lippen. Es würde schon alles gut gehen, wurde mir solange eingeredet, bis ich es selbst dachte. Alle waren immer gut drauf und auf den Erfolg ihrer kleinen Unternehmen bedacht. Ein Wort wurde dabei immer wieder erwähnt: produzieren, produzieren und noch einmal produzieren. Auf wöchentliche Statistiken und wöchentliche Abrechnungen wurde großer Wert gelegt. So korrekt auch mit diesen Dingen umgegangen wurde, so sehr wurden die Beschwerden der Krankenschwestern über das Ausbleiben der monatlichen Zahlungen missachtet. Etwa jeder dritte Anruf im Schwesternbüro war eine Beschwerde über fehlende Zahlungen, manchmal hatten die Krankenschwestern schon mehrere Monate auf ihr Geld gewartet. Viele wollten deshalb nicht mehr für das Unternehmen arbeiten, und es kostete mich viel Zeit und Energie, sie wieder zu Pflegediensten zu überreden. Das brachte mir den Vorwurf ein, ich telefoniere zu lange und zu unkonkret mit den Schwestern. Aber hauptsächlich war ich verliebt, deshalb störten mich diese Dinge wenig.

Tatsächlich machte Peter mir bald einen Heiratsantrag. Siggy und Margit gratulierten.

Wir heiraten scientologisch

Am 14. Oktober 1995 heirateten wir im Schloss Gloggnitz nach scientologischem Ritus. Margit, als Scientology-Geistliche traute, uns. Für mich war es ein wunderschöner Augenblick, der mir viel Kraft und Mut gab. Heute wirft mir Peter vor, ich hätte diese scientologische Trauung in Eigenregie bestellt, aber das stimmt nicht. Margit arrangierte die Trauung natürlich mit seinem Einverständnis und erklärte mir, ich würde meinem zukünftigen Mann damit eine Freude machen. Welche verliebte Frau will das denn nicht?

Peter fand in meiner Familie, ebenso wie ich in seiner Familie, herzliche Aufnahme. Mein Schwager fand Peter sofort sehr sympathisch und freundete sich mit ihm an. Meiner Familie erzählte ich erst von Scientology, nachdem die Scheidung beschlossene Sache war, also im Oktober 1998. Meine Mutter ist immer noch schockiert und fürchtet, Scientology könne mir etwas antun. Bedenken von Peters Eltern, die sie mir noch vor unserer Hochzeit mitteilten, versuchte ich mit meinem Optimismus zu entkräften. Ich sagte ihnen damals, dass ich an die Kraft der Liebe glaube und wenn Peter einmal die Geborgenheit einer Beziehung und eines schönen Zuhauses kennen gelernt habe, würde er keinen Gedanken mehr an diese Bekenntnisgemeinschaft verschwenden. Wie sehr ich mich damals getäuscht und überschätzt hatte, wurde mir erst viel später klar, manches erst nach der Scheidung.

Ich möchte hier festhalten, dass ich bis zum Zeitpunkt meiner Heirat mit Peter der Überzeugung war, bei Scientology handele es sich um eine religiöse Bekenntnisgemeinschaft, die um ihre Anerkennung in Österreich kämpft. Heute werfe ich mir vor, dass ich mir in meiner Verliebtheit keine Informationen über diese Sekte besorgt habe.

Gleich nach der Eheschließung zog ich zu Peter in seine kleine Wohnung, in der er auch sein Büro untergebracht hatte. Ich hatte den Traum, meinem Ehemann ein kleines Paradies aufzubauen. In seinem Junggesellenhaushalt mangelte es an vielem. Systematisch richtete ich einen funktionierenden Haushalt ein. Mit dem Geld, das wir als Hochzeitsgeschenk bekommen hatten, kaufte ich eine Waschmaschine, einen Geschirrspüler und ein Bügeleisen. Meine kleinen Geldreserven investierte ich in Bettwäsche und

Tischgeschirr, denn er besaß nur angeschlagene Kaffeetassen. Viele Kleinigkeiten fehlten in seinem Haushalt. Aber er hatte dafür kein Geld – ich wusste ja von seinen finanziellen Schwierigkeiten, die er aber bald →handhaben würde.

Etwa eine Woche vor der Heirat erklärte mir Peter, er habe Schulden, hauptsächlich durch die Firmengründung. Er wolle einen Managementkurs machen, um mit diesen Situationen besser zurechtzukommen, vor allem um die Kredite zurückzahlen zu können, die nicht allzu hoch seien. Das Ausmaß dieser Schulden erfuhr ich erst Wochen nach unserer Heirat. Ich glaube, das Gesamtausmaß seiner Verschuldung ist mir bis heute nicht bekannt. Für diesen Kurs brauche er 170.000 Schilling (12.350 Euro). Ich fand diese Summe utopisch und überdimensioniert und äußerte meine Bedenken. Er wurde darüber ärgerlich und erklärte mir, durch den Kurs käme er aus seinen Schulden heraus, denn nur dort würde er lernen, sein kleines Unternehmen mit seiner finanziellen Problematik →handzuhaben. Ich erinnere mich deshalb so genau an dieses Wort, weil ich es niemals zuvor gehört hatte. Irgendwie fand ich diese Aussage logisch, weil ja auch eine verbesserte finanzielle Situation für unsere junge Ehe nur gut sein konnte, hatte aber innerlich noch immer Vorbehalte. Schließlich kam er auf den Kern der Sache und sagte, er brauche einen guten, unverschuldeten Bürgen für die 170.000 Schilling, die er nur durch einen neuerlichen Kredit[5] finanzieren könne. Er fragte mich, ob ich für ihn bürgen würde, was ich schließlich tat, wenn auch mit einem sehr mulmigen Gefühl im Bauch. Heute behauptet er, ich hätte ihm von selbst angeboten zu bürgen, um von ihm geheiratet zu werden. Was für ein Unsinn, wenn er die Heirat von der Bürgschaft abhängig gemacht hätte, hätte ich sicher trotz meiner Verliebtheit begonnen, mir meine Gedanken zu machen. Er behauptet zusätzlich, dass ich ihm angeboten hätte, einen Teil aus meiner angeblich schon erhaltenen Erbschaft in sein Unternehmen zu investieren. Auch das stimmt nicht.

Zusammen leben und zusammen arbeiten

Am Anfang unserer Ehe war ich einfach glücklich. Mein Mann war intelligent und sympathisch und sah dazu noch gut aus, auf den ersten Blick ein Traummann. Doch mit der Zeit entstand bei mir der Eindruck, als würde ihm systematisch abgewöhnt, wie ein Mensch zu denken und zu fühlen. Statt dessen lebt er mehr und mehr in einer künstlichen Welt, einem Wahngebilde, aus dem es kein Entkommen gibt.

Dabei könnte er ein ganz normaler gesunder und glücklicher Mann sein. Doch er nimmt vieles, was Scientology ihm vorgibt, kritiklos hin. Denn Kritik ist bei Scientology absolut verboten und wird bereits im Keim erstickt. Gelingt das nicht, wird kritisches Verhalten rigoros bestraft. Das Verbrechen, kritische Äußerungen dem System und der Organisation gegenüber zu machen, kann Strafauditing (→ Auditing), Strafarbeit oder sogar den Aufenthalt in einem Straflager nach sich ziehen – so will es die interne Scientology Gerichtsbarkeit. Doch woher hätte ich das damals wissen sollen? Selbst langjährige Scientologen wissen oft nichts von diesen Dingen.

Sein Denken und seine Art, auf Dinge des Alltags zu reagieren, wurden – so stelle ich mir das vor – immer mehr zur Flucht in labyrinthartige Gedankengebäude, aus denen er nicht mehr heraus findet.

In manchen seltenen und für mich sehr glücklichen Momenten konnte ich spüren, welch kreativer und liebevoller Mensch sich unter diesem Panzer befindet, den ihm Scientology übergestülpt hat.

Zu lange schon hat er sein gesamtes Gedankengut dieser Doktrin unterworfen, zu lange schon hat man ihm gesagt, seine →Postulate seien für die Zukunft; →Gegenabsichten seien aus der Umwelt zu entfernen, um die Verbreitung von Scientology auf ganzer Linie sicherzustellen. Ganz egal, ob es sich dabei um die engsten Familienangehörigen oder um frühere Freunde handelt, die es →handzuhaben gilt.

Seine einstigen Freunde waren es auch, die mir recht bald nach unserer Hochzeit Dinge über Peter erzählten, die ich gar nicht glauben wollte und konnte. Es waren die reinsten Horrorgeschichten, die ich zu hören bekam. Ich sah in diesen Geschichten entweder Unsinn oder bösen Klatsch. Ich glaubte, dass Peter recht seltsame Ex-Freunde hatte und dass es Gründe dafür geben musste, weshalb er die Freundschaft mit ihnen beendet hatte. Er selbst sprach, wenn überhaupt, immer nur von seinen Ex-Freunden. Seine frühere Partnerin hatte mit ihm ebenso Schwierigkeiten bekommen wie seine Eltern, was ich damals natürlich weder wusste noch geglaubt hätte.

Seine Mutter leidet sehr darunter, dass ihr Sohn in einer »Sekte« ist. Sie hat aber schon früh eingesehen, dass sie ihren Sohn an etwas verloren hat, was ihr fremd und unverständlich ist. Manchmal bäumte sie sich kurz dagegen auf, das waren die Momente, in denen wir uns gegenseitig Mut machten, ich war ja nicht so schnell zum Aufgeben bereit. Ein anderer und doch mit Scientology zusammenhängender Grund für die Zerwürfnisse zwischen Peter und seinen Eltern war Z. Diesen lernte Peter schon kennen, als er die HTL (höhere technische Lehranstalt) in Mödling besuchte. Die beiden fuhren täglich dieselbe Strecke mit dem Zug. Z. war damals siebzehn und verkaufte schon »Sekten-Bibeln«[6], ebenso wie sein Vater. Das ganze Piestingtal wusste darüber Bescheid, erzählte meine Schwiegermutter.

Von seinem →Auditing in München (was in München auditiert wurde, welches Problem so teuer sein konnte, erfuhr ich nie), das 80.000 Schilling (5810 Euro) gekostet und nur ein Wochenende lang gedauert hatte, erfuhr ich ebenso wie von seinen Problemen mit seiner früheren →2. Dynamik, Karin*. Die 2. Dynamik ist nach Hubbard die Partnerbeziehung. Wie für alles im Leben, gibt es auch für Beziehungen scientologische Skalen und Begriffe. Von den Kosten für einen Aufenthalt in der Sea-Org.[7] in Clearwater im US-Bundesstaat Florida, die seine finanziellen Möglichkeiten restlos überschritten, hörte ich zuerst nur ungläubig.

Man hat ihn dort gar nicht zu Kursen zugelassen, weil er angeblich einen Selbstmordversuch hinter sich hatte. Davon ist mir nichts bekannt, es kann allerdings sein, dass er nach scientologischer Logik diesen Selbstmordversuch in einem früheren Leben unternommen hat. Außerdem hätte er schuldenfrei sein müssen, um in der Sea-Org. bleiben zu können. Karin hatte es nicht mehr ausgehalten, dass er soviel Geld für Scientology ausgab, sich nicht für ihre erste Schwangerschaft interessiert hatte und sie mit einer Abtreibung allein ließ.

Später bekam Karin einen Sohn, für den er nur sehr spärlich Geld und Interesse aufbrachte. Ich wollte anfangs gar nicht zuhören, denn das konnte nicht mein Mann sein, von dem mir da berichtet wurde.

Unser Hausherr fragte mich einmal, ob ich denn Peters Freund Z. sympathisch fände. Damals sagte ich noch, dass er ein ganz toller, wirklich sympathischer Typ sei. Er meinte dazu nur, ich solle aufpassen und mein Bild von Z. überdenken.

Bald fragten mich Peters Bekannte, ob ich eine Scientologin sei. Sie waren erstaunt, als ich verneinte und meinerseits fragte, wie sie denn auf diese Idee kämen? Weil wir so schnell geheiratet hätten, sagten sie, und weil seine frühere Beziehung mit einer Nichtscientologin wegen Scientology in die Brüche gegangen sei. Da lag der Schluss nahe, er hätte sich diesmal eine Scientologin als Partnerin erwählt. Tatsächlich hatten Margit und Siggy, aber auch andere meiner scientologischen Bekannten schon oft versucht, mich zu einem Beitritt zu überreden. Aber ich wollte keine Scientologin werden. Unsere Freunde ließen sich mit dieser Antwort beruhigen, doch warnten sie mich, dass die Scientologen mit ihrer Werbung nicht aufhören würden. Würde ich mich nicht für Scientology entscheiden, würde Peter mich genauso fallen lassen wie Karin, die mit ihrem Baby zu ihrer Mutter gezogen war, als sie den Druck und die Vorwürfe nicht mehr ertragen konnte. Florian* war damals sieben Wochen alt. Karin hat mir erzählt, dass Z. und Urs U. (vgl.S. 78f.) Peter in Briefen aufgefordert hätten, sich von ihr zu trennen. Einen solchen Scheidungsbefehl auf Z.s Firmenbriefpapier bekam er auch in meinem Fall. Ich habe dieses Schriftstück gut aufgehoben.

Peter erzählte mir auch, dass Z. einmal zu Karin fuhr, als sie im siebten Monat schwanger war, und sie eine dreiviertel Stunde lang beschimpfte, weil sie eine »dritte Partei«[8] zwischen ihm und Peter sei. Er habe damals – wie später bei mir – nichts unternommen, um seine schwangere Partnerin zu schützen oder zu verteidigen.

Als ich all das wusste, wollte ich meine ganze Kraft und Liebe dazu verwenden, meinen Mann von Scientology weg zu bringen. In den stundenlangen Gesprächen, die wir führten, entdeckte er immer nur →Gegenabsichten. Diese Diskussionen, die immer häufiger im Streit endeten, hatten ein zentrales Thema: Das Geld, das überall fehlte, weil er es zu Scientology trug. Ich sagte ihm, dass er dieses Geld sinnvollerweise für seinen Sohn sparen könnte. Dabei meinte ich nicht die Riesensummen, die er für Kurse und →Auditing ausgab, sondern einfache Zuwendungen, wie etwa ein Geburtstagsgeschenk. Seine häufigen Fahrten nach Wien waren ein weiterer immer wiederkehrender Streitpunkt. Den Fahrten ging ein Ritual voraus: Er kam von der Arbeit heim, legte sich auf das Sofa und schlief an die zwei Stunden, danach aß er und machte sich stadtfein. Einmal stritten wir auch, weil ich der Meinung war, Peter könne doch auch andere Bücher lesen als immer nur das Ethikbuch (→ Ethik). Ich schenkte ihm Bücher zum Geburtstag und zu Weihnachten, um ihn zu anderer als scientologischer Lektüre zu bringen. Ein Buch las er wenigstens zu einem Drittel, bevor er es hinwarf. Es war das erste Erfolgsbuch von Bill Gates.

Wegen meiner →Gegenabsichten, vor allem, weil ich ihn von Scientology wegzubringen versuchte, wie er meinte, wollte er sich nach sechs Monaten Ehe zum ersten Mal scheiden lassen. Nur in einem langen Gespräch mit seiner Mutter, die dabei genauso weinte wie ich, ließ er sich überzeugen, diese Ehe nicht so schnell aufzugeben.

»Die Reparatur einer Ehe, die kaputt geht, erfordert nicht immer das →Auditieren der Ehepartner. Es kann sein, dass ein anderer Familienfaktor die Szene mit beeinflusst. Das kann in Gestalt eines Verwandten sein, zum Beispiel der Schwiegermutter. Wie löst man diesen Faktor, ohne ein Gewehr zu benutzen? Dies ist wiederum einfach. Bei Schwierigkeiten in der Familie ist die Schwiegermutter verantwortlich dafür, dass die Kommunikationslinien abgeschnitten oder Kommunikationen umgeleitet werden.« (L. Ron Hubbard: Eine neue Sicht des Lebens, S. 56)

Hauptstörenfried in unserer Ehe war Peters Freund Z. Er ließ einfach nicht zu, dass neben Peter noch jemand außer ihm, Z., eine Meinung hatte und diese auch vertrat. Er wurde damit zu meinem größten Widersacher, obwohl er sich am Anfang unserer Ehe sehr für mich eingesetzt hatte – aber nur bis zu dem Zeitpunkt, als ihm klar wurde, dass ich keine Scientologin werden wollte. Letztendlich ist es ihm und seinem Vater, der natürlich auch Scientologe ist, gelungen, meinen Mann und mich auseinander zu bringen. Dafür habe ich schriftliche Beweise! Peter streitet sogar handfeste Tatsachen ab, wenn es um Vater und Sohn Z. geht.

Z. erzählte mir während eines Telefonats, als er noch Hoffnungen in mich setzte, von Peters früherer Partnerin Karin. Sie sei eine »ruinöse Katastrophe« für Peter gewesen, und alle wären schließlich froh gewesen, als sie »abgezogen« sei. Sie wäre nicht gut für

Peters Leben gewesen, hätte nur →Gegenabsichten gehabt, sei außerdem hoffnungslos dumm und habe böse, stechende Augen. Ich solle mich nur ja nicht mit ihr abgeben, denn die Geschichten, die sie mir erzählen würde, seien alle erlogen. Unter ihren Lügengeschichten habe Peter ohnehin schon sehr zu leiden gehabt und außerdem habe sie in halb Piesting herumerzählt, wie es bei Peter und seiner Familie zugegangen sei. Und das arme Kind, das bei einer solchen Mutter aufwachsen müsse ..., aber Peter würde sich schon darum kümmern, dass aus dem Kleinen was wird. Damit meinte er, der Bub solle scientologisch erzogen werden, so wie seine drei Söhne. Es war ihm unvorstellbar, dass Karin ihre Zustimmung verweigerte, als Peter einen guten Kindergarten im vierten Wiener Gemeindebezirk für Florian ausgesucht hatte. Das war, wie ich natürlich erst später erfuhr, das »Kreativ College für Knirpse«, das neben dem »Kreativ College« über den »Verein zur Förderung und zum Schutz von Kindern« von einigen langjährigen Scientology-Aktivistinnen betrieben wird. Dabei handelt es sich um einen Kindergarten und eine Privatschule ohne Öffentlichkeitsrecht. Die Unterrichtsmethoden sind natürlich streng nach scientologischen Vorstellungen ausgerichtet.[9] Zur pädagogischen Ausstattung gehören der »Grundlegende Studierleitfaden« und die »Studiertechnologie«, die dem schnelleren Lernen dienen soll. Pro Kind und Monat kostete diese Art von Unterbringung 6.000 Schilling (436 Euro). Trotzdem klagte Direktorin Margit S. über Geldmangel. Sie ist die damalige Ehefrau von Fritz S., Bruder von Günther S., mit dem Siggy damals verheiratet war. Wie hier konnte ich noch oft sehen, dass ganze Familien bei Scientology sind, im Fall von Z. bereits in der dritten Generation, denn zuerst wirbt ein neuer Scientologe gewöhnlich in seiner Familie.

Ich meinte bei diesem Telefongespräch mit Z. nur, dass die tägliche Fahrerei von Piesting nach Wien doch eine große Belastung sei, vor allem für ein Kind. Immerhin dauert eine Fahrt mit dem

Auto eine dreiviertel Stunde – und das ohne einen der häufigen Staus auf der Südautobahn. Er sagte nur, wenn man die Absicht hat, etwas zu tun, dann könne man das eben »handhaben«. Da ich zu dem Zeitpunkt noch der Meinung war, Z. sei ein lieber Freund von Peter, glaubte ich ihm, kam aber nach und nach hinter den wahren Inhalt dieser Aussage.

Erst einige Zeit später erfuhr ich, dass die für mich lange Zeit unglaublichen Geschichten wahr sind. Stück für Stück musste ich herausfinden, dass mein Mann nicht bei einer um Anerkennung ringenden Religion gelandet war, sondern bei einer total ausbeuterischen und kontrollierenden Organisation.

Diese Organisation richtet alles, was an menschlichen Werten vorhanden ist, zu Grunde, sei es nun die Familie, der Ehepartner oder sogar die Beziehung zu den eigenen Kindern, aber nicht genug damit: Diese Organisation bemächtigt sich mit Krakenarmen des gesamten Vermögens ihrer Mitglieder. Als seine finanzielle Reserve aufgebraucht war, wurde auch mein Mann dazu gebracht, Kredite aufzunehmen und in »seine Zukunft« zu investieren. Damals wusste ich noch nicht, dass er nur genau so handelte wie viele andere auch. Ich wusste auch nicht, dass meine Beziehung zu ihm genauso verlief wie die vieler anderer Frauen mit einem Scientologen als Partner.

Die Reaktion seiner Familie auf seine Persönlichkeitsveränderung und die immer bedenklicher werdende finanzielle Situation war Sorge und Entsetzen. In seinen zahlreichen Berichten an Scientology hat er seine Mutter als →PTS und unterdrückerische Person[10] dargestellt. Diese Einstellung gegenüber seiner Familie sah ich mit Sorge, denn Peter hat wunderbare, hilfsbereite, geduldige, ehrliche und im Ort sehr angesehene Eltern. Doch gab es wegen seines Verhaltens und seiner »Sektengeschichten« – wie die Leute in Piesting sagten – immer wieder bösen Tratsch, der auch den Eltern zu Ohren kam und sie kränkte.

Als ich ihn einmal fragte, warum er zu Scientology gegangen sei, antwortete er, er sei auf der Suche nach der Wahrheit über alles, was uns Menschen betrifft. Sein Vater habe ihm von der Evolution erzählt, dass wir Menschen aus einer Art Schlamm entstanden sind. Diese Erklärung habe ihm nicht genügt, er hätte viel mehr wissen wollen, deshalb sei er zu Scientology gegangen. Außerdem könne er mit Hilfe von Scientology sein Leben und den Zustand seiner Firma verbessern.

Ich musste ihn immer wieder daran erinnern, den Kontakt zu seinen Eltern aufrecht zu erhalten, und ihn auffordern, sie doch ab und zu zu besuchen. Seine Mutter fuhr nach einem Krankenhausaufenthalt 1998 für vier Wochen zur Kur. Wir nahmen uns vor, sie an einem Samstag zu besuchen. Peter hatte aber an diesem Abend einen »Event« bei den Scientologen in Wien. Deshalb mussten wir nach nur einer Stunde Besuch wieder Abschied nehmen. Ich war sehr betroffen, dass er sich ganz einfach keine Zeit mehr für seine Mutter nehmen will. Am Abend zog er seine schönsten Sachen an, fuhr nach Wien und ließ mich ganz einfach in Piesting sitzen.

Der Vertrauensbruch zwischen seiner Familie und den einstigen Freunden war ein endgültiger. Dafür machte sich der Traum von der heilen Welt in seiner neuen Gedankenwelt breit; einer Welt, in der es keine Kriege und keine Geisteskrankheiten mehr gibt, in der nur noch der nicht →aberrierte Mensch Rechte hat.

»Interessieren Sie sich für die Erscheinungsformen der Geisteskrankheit, dann gibt es in fast jedem Teil der Welt jede beliebige Form der Geisteskrankheit, die man sich während eines Lebens nur zu sehen wünschen könnte. Studieren Sie die Eigentümlichkeiten der Leute um Sie herum, und fragen Sie sich, wie die Leute aussehen würden, wenn ihre kleinen Eigentümlichkeiten um ein Hundertfaches vergrößert wären. Sie mögen feststellen, dass sie durch das Listen sämtlicher beobachtbaren Eigentümlichkeiten

eine vollständige Liste sämtlicher Geisteskrankheiten der Welt hätten.« (L. Ron Hubbard: Eine neue Sicht des Lebens, S. 125)

Seine – früheren – eigenen Interessen traten immer mehr in den Hintergrund, es war für ihn nicht wichtig, eine Frau zu haben, die ihn liebt. An vier von sieben Abenden in der Woche war er gewöhnlich in Wien bei Scientology. Sein Engagement für seine »Religion« umfasste schließlich alle Lebensbereiche. Ich bewunderte ihn für seine Konsequenz, die ich doch nicht verstand.

Doch langsam fielen mir immer mehr seiner Eigenarten auf, die ich lange nicht mit Scientology in Verbindung bringen konnte: Er erwähnte kaum je die Zeit vor Scientology- und wenn, dann nur negativ; bezeichnete sich selbst als Student, obwohl er einen Handwerksbetrieb hatte; Menschlichkeit bezeichnete er als abstrakte Idee, legte kaum Wert auf seine Umgebung.

Scientologische Erziehung am Wochenende

Mein Mann und ich haben je einen Sohn aus früheren Beziehungen und ich hatte anfangs vor, meinen Sohn Tobias* nach Markt Piesting mitzunehmen. Er wollte aber nicht weg von Wien, vor allem nicht von seiner Schule und seinen Freunden. Ein für mich sehr schmerzlicher Kompromiss ergab sich in langen Diskussionen: Mein erster Ehemann erklärte sich bereit, in meine Wiener Wohnung einzuziehen und die Erziehung meines Sohnes zu übernehmen. Später, wenn die Wohnungsverhältnisse in Piesting sich verbessert hätten und mein Mann nicht mehr zu dieser Religionsgemeinschaft ging, wollte ich Tobias zu mir holen.

Vorher hatte ich aber, wie ich meinte, noch ein paar Kleinigkeiten zu erledigen, um die Wohnung gemütlich zu gestalten.

Mein neues Heim war die kleinere Wohnung eines Zweifamilienhauses. Auf ungefähr 75 Quadratmetern waren Wohnung und Büro untergebracht. Das Haus ist ca. 100 Jahre alt, war im vorigen Jahrhundert ein Wirtschaftsgebäude und wurde in den 50er Jahren vom Vater des gegenwärtigen Besitzers in ein schönes Wohnhaus umgebaut. Es ist allerdings schlecht isoliert und im Winter sehr kalt, so dass ich bei der Büroarbeit oft gefroren habe. Der gemeinsame Hauseingang mündet in ein Vorhaus, das in einem jämmerlichen Zustand war, als ich einzog. Erst viel Putzarbeit brachte es auf Glanz. Wie viele Franchise-Nehmer (vgl. S. 20) der Remaill-Technik hatten wir anstatt des Wohnzimmers ein Büro, gleich im Anschluss an die ländliche Wohnküche. Kamen Kunden, so saßen sie immer in unserer Küche. Auch die Arbeiter kamen in der Früh in die Wohnung und bekamen von mir Kaffee, bevor sie an die Arbeit gingen. Den Morgenkaffe führte ich ein, da Peter den Arbeitern oft nur in der Garage die Aufträge in die Hand drückte und ich der Meinung war, zehn Minuten am Morgen Mitarbeiterbetreuung sei sehr motivierend. Manchmal gab es Kuchen oder einer der Arbeiter brachte Semmeln mit, wenn er gut gelaunt war.

Das Haus gehört Peters Jugendfreund Robert, der gleichzeitig der schärfste Scientology-Kritiker in unserem Bekanntenkreis war. Wenn er sich nach Peters Verbleib erkundigte, fragte er immer: »Ist er schon wieder bei den Klingonen?« Das war eine Anspielung auf den Scientology-Gründer Hubbard, der ja ursprünglich Science-Fiction-Autor war. Und tatsächlich: Vieles an dem, was ich nach und nach über Scientology erfuhr, kam mir vor wie ein schlechter Science-Fiction-Film.

Peters Sohn Florian lebt bei seiner Mutter Karin und kam uns nur jeden zweiten Sonntag besuchen. Er wohnt im gleichen Ort, daher wunderte ich mich anfangs, warum er nicht öfter kommen konnte. Ich mochte Florian sofort, und auch die beiden Buben kamen gut miteinander aus, wenn sie gemeinsam zu Besuch waren.

Florian war wieder einmal an einem Sonntag bei uns und er war ziemlich verkühlt, hatte aber kein Fieber und spielte mit seinem Cousin Lukas* und meinem Sohn Tobias. Florian hatte den ganzen Tag Husten, der sich gegen Abend verschlimmerte. Er kam schließlich zu mir in die Küche und sagte: »Mir tut schon der Hals weh von dem vielen Husten.« Ich fragte ihn dann, ob er Hustensaft haben wolle, und er sagte ja. Ich hatte für die Kinder einen homöopathischen Hustensaft zu Hause, so sorgte ich für Grippezeiten vor. Auch Peters Eltern und seiner Schwester habe ich mit dem Hustensaft schon öfter geholfen und alle waren zufrieden damit. Peter bemerkte, dass ich seinem Sohn Hustensaft gab und stellte mich vor dem Kind auf das Heftigste zur Rede. Er warf mir vor, seinem Sohn Drogen zu verabreichen. Ich entgegnete ihm, dass ich Krankenschwester sei und mir daher völlig bewusst wäre, welche Medikamente ich Kindern geben könne. Außerdem sei der Hustensaft ein homöopathisches Produkt; etwas anderes würde ich einem Kind niemals ohne vorherige Absprache mit dessen Mutter oder einem Arzt geben. Ich sagte ihm auch, dass ich seiner Familie diesen Hustensaft gegeben hätte. Wir stritten danach rund drei Stunden lang vor den Kindern. Peter fühlte sich nämlich dadurch als Scientologe angegriffen, weil seine Eltern diesen Hustensaft einnahmen. Er warf mir vor, seine ganze Familie zu Drogenabhängigen zu machen. Ich konnte nur den Kopf schütteln, damals verstand ich noch nicht, woher seine Argumente und seine Reaktion kamen.[11]

Auffallend war – besonders in diesem Zusammenhang – sein übermäßiger Konsum synthetischer Vitamine[12]. Teilweise nahm er im Laufe eines Tages das Vielfache dessen ein, was als vernünftige Tagesdosis gelten kann. Im Rahmen meiner Ausbildung zur Krankenschwester wusste ich über die Gefahren von Vitaminüberdosierung Bescheid, und so versuchte ich, meinen Mann davon abzuhalten, seine Gesundheit zu schädigen, seine Nieren und seine

Leber kaputtzumachen. Als er mir nicht glauben wollte, bat ich meine Schwester und ihren Mann, die beide praktische Ärzte sind, mit Peter zu sprechen. Damals wusste ich noch nicht, dass es keinen Sinn hat, einen Scientologen zum Arzt zu schicken, es sei denn zu einem scientologischen Arzt. Einer davon war Thomas K. K. ist nicht nur »Operierender Thetan« (→ OT) und damit in der Scientology-Hierarchie schon weit vorangekommen, er ist auch als →FSM für Scientology tätig. Ein FSM bringt andere Leute dazu, ihr Geld in Scientology-Kurse und Bücher anzulegen. Ihn rief Peter öfter an, denn er ist zugleich Scientologe und praktischer Arzt. Üblicherweise aber betrachten Scientologen Mediziner als Kriminelle. Er hatte die fixe Idee, ich wäre den medizinischen Lügnern hörig. Damals hatte ich aber noch Vertrauen in die Freundschaft zwischen Peter und meinem Schwager. Und so hoffte ich, dass dieser ihn zur Vernunft bringen könnte. Das Ergebnis war gleich Null, er ließ sich die Vitamine nach wie vor von einer burgenländischen Apotheke schicken. Der Apotheker ist Alfred S., der einen schwunghaften Versandhandel mit scientologischen »Medikamenten« betreibt. Er kaufte auch Supradyn in der Piestinger Apotheke. Der Beipacktext empfahl eine Tablette täglich, doch schluckte er oft zwei oder drei Tabletten pro Tag. Ich hatte frisches Gemüse im Garten, versuchte, ihn mit vitaminreicher Kost von den synthetischen Vitaminen wegzubringen, es half nichts.

»Der Mensch in den niedrigsten Bereichen ist ganz und gar den Zielen des Körpers selbst gewidmet. Der Körper muss, um zu existieren, aus etwas nichts machen. dies ist, als einfachste Illustration, das Ziel des Essens. Es mag für das Leben notwendig sein zu essen oder nicht, vielleicht ist es nicht einmal für den Körper notwendig zu essen. In der Para-Scientology gibt es einen Nachweis, dass der Magen einst genügend Lebensenergie produziert hat, um den Körper ohne irgendwelche weitere ›Nah-

rung‹ zu bewegen.« (L. Ron Hubbard: Eine neue Sicht des Lebens, S. 85)

Eines Tages brachte er eine Flasche Wasser, für die er 180 Schilling (13 Euro) bezahlt hatte, mit nach Hause. Es war Granderwasser, das angeblich besonders belebende Wirkung habe und nach seinem Entdecker oder Erfinder, Johann Grander, benannt sei. Das sei besonders gesund, sagte er, er brauche das Wasser jetzt für seinen Körper, denn es habe eine besondere Energie. Er sparte mit diesem Wasser sehr, träufelte immer nur ein paar Tropfen in den Kaffee oder ins Müsli, so kam er mit dieser Flasche ungefähr zwei Monate aus. Dann vergaß er, sich Neues zu besorgen – und das Thema Granderwasser war Vergangenheit. Ich wunderte mich sowohl über den Preis des Wassers als auch über Peters Glauben an dessen besondere Eigenschaften. Wo er mir nie etwas glauben wollte, so glaubte er anderen Leuten die merkwürdigsten Dinge.

Eine andere Situation, bei der ich mir sein Verhalten nicht erklären konnte, war die folgende: Mein Sohn hatte sich einmal an einem Bücherbord den Kopf angestoßen und kam danach jammernd zu uns. Ich wollte Tobias in den Arm nehmen und trösten, doch Peter nahm ihn an der Hand und ging mit ihm zum Bücherbord. Tobias sagte mir dann, Peter hätte ihn mit dem Kopf ans Bücherbord gedrückt und gesagt, so gehe der Schmerz wieder dorthin zurück. Tobias war damals schon zwölf Jahre alt und fragte mich, warum Peter so komische Sachen mache. Ich konnte es ihm nicht erklären.

Still litt ich unter Peters Ablehnung, Kinder zu bekommen. In seiner Situation sei es unangebracht, weitere Kinder zu haben, sagte er. Er schränkte dies dann ein und sagte, er wolle in ein paar Jahren vielleicht noch einmal darüber nachdenken und dann könne ich ja wieder mit ihm reden. Ich machte ihn darauf aufmerksam, dass ich bereits 38 sei, zwar völlig gesund aber mir mit dem Kinderkriegen doch nicht mehr allzuviel Zeit lassen sollte. Darauf reagierte er nicht und lehnte es von diesem Zeitpunkt an kategorisch ab, mit mir über dieses Thema noch einmal zu sprechen. Über diese Kränkung bin ich bis heute nicht hinweggekommen. Ich weinte damals sehr oft. Er weigerte sich auch, eine »normale« Eheberatung zu besuchen, da diese meistens von Psychologen, die Verbrecher seien, gemacht würden. Außerdem passe so eine Beratung nicht in sein Programm, denn dadurch würde sein bereits erworbenes Wissen verfälscht. Dazu kamen dann immer wieder die Vorwürfe, dass ich ja das schon bezahlte Eheauditing bei Scientology nicht machen wollte, deshalb sei ich schuld daran, wenn unsere Ehe nicht mehr funktioniere.

Das waren nicht die einzigen Schuldzuweisungen an mich. Immer wieder warf er mir →Gegenabsichten, →Betrachtungen und anderes aus dem scientologischen Wortschatz vor. Zum Schluss blieben ihm nur noch wenige Phrasen im Gespräch mit mir. Nur noch selten war er ein paar Augenblicke lang freundlich oder sogar hilfsbereit und ließ mit sich reden. Zärtlichkeit gab es zwischen uns so gut wie keine mehr – und das lag nicht an mir. Um jede Zuwendung musste ich kämpfen, von ihm kam längst nichts mehr, so dass ich mich schließlich in meinem Frausein zutiefst verletzt fühlte.

Von Beginn unserer Ehe an wollte Peter seinen Ehering nicht tragen, wochentags mit der Begründung, er störe ihn bei der Arbeit. Sonntags mit der Begründung, er störe ihn beim Klettern. Mit einem seiner Scientology-Freunde ging er sehr häufig auf verschiedene Berge klettern. Er trug den Ehering aber auch zu anderen Gelegenheiten nicht. Das kränkte mich, doch er ignorierte meine Gefühle. Befreundete Ehepaare, die auch Scientologen waren, trugen ihre Eheringe sehr wohl. Er verlegte seinen immer wieder, und machte sich über mich und meinen Kummer oft lustig. Als ihn dann auch noch Margit als langjährige und von ihm sehr geschätzte Freundin in ihrer Funktion als Geistliche seiner

»Religion« ermahnte, den Ring zu tragen, schimpfte er nur mit mir, weil ich wieder bei Margit getratscht hätte.

Im September 1998 legte ich ein Sparbuch für seinen Sohn Florian an. Ich war in der Postsparkasse in Wien, wo ich schon vor längerer Zeit ein Sparbuch für Tobias eröffnet hatte. Ich freute mich darüber, dass ich so etwas für Tobias sparen konnte, der es sicher einmal gut gebrauchen kann. Weil Peter es nicht tat und Karin wohl zu wenig Geld dafür haben würde, wollte ich auch für Florian sparen. Da ich zeichnungsberechtigt auf Peters Konten war, veranlasste ich, dass per Dauerauftrag monatlich 1.000 Schilling (73 Euro) von Peters Firmenkonto auf das neue Sparbuch seines Sohnes überwiesen wurden. Die Einzahlungen auf die Sparbücher meines Sohnes kommen von meinem sowie von dem Konto meiner Mutter. Tags darauf, am Samstagvormittag, gab ich Peter das neue Sparbuch und war mir völlig sicher, dass er sich freuen würde. Er wurde jedoch wieder einmal zornig. Als ich dann noch sagte, dass das Sparbuch ein Losungswort habe, begann er sofort mit mir zu streiten. Er beschuldigte mich, ich hätte das getan, weil ich glaubte, die Scientologen würden sonst alles Geld abheben. Aus den einfachsten Dingen, ohne Hintergedanken, entstanden bei uns immer wieder große, unsinnige, blöde Streitereien. Wir einigten uns erst nach fast zwei Stunden darauf, Florians Sparbuch Peters Mutter zur Aufbewahrung zu geben. Sie war damit einverstanden. Ich erzählte der Familie von dem Sparbuchstreit und niemand konnte verstehen, dass man wegen so etwas so wild streiten kann.

Ich erklärte mir den Streit so: Eines Tages fragte ich Peter, was seine dicken grünen Scientology-Bücher (Volumes[13]) gekostet hatten, er nannte mir den Betrag von 14.000 Schilling (1.017 Euro). Ich meinte damals nur, er könne das viele Geld anstatt es zu Scientology zu tragen, doch viel besser für seinen Sohn anlegen, zumal Karin nicht viel Geld hätte und für den Kleinen in Zukunft doch einmal etwas da sein sollte. Ich warf ihm damals sogar Diebstahl am eigenen Sohn vor, was vielleicht zu heftig formuliert war. Er schrie mich nur an, sein Sohn sei sehr intelligent – was ich nie in Frage gestellt hatte – und er könne, wenn er erwachsen sei, selbst für sich sorgen. Es sei also unnötig, für ihn Sparbücher anzulegen.

»Auf das Kind aufpassen? Unsinn! Es hat vielleicht ein besseres Verständnis von unmittelbar bevorstehenden Situationen als Sie.«
(L. Ron Hubbard: Eine neue Sicht des Lebens, S. 52)

Viel später erst erfuhr ich von dem Scientologen, der Peter die Bücher verkauft hatte, dass die dicken grünen »Volumes« erheblich teurer sind, als die von Peter genannten ÖS 14.000. Karin erzählte er, er hätte für Florian das Sparbuch angelegt. Ich schickte ihr danach eine Kopie des Antragsformulars mit meiner Unterschrift.

Ich konnte nie verstehen, dass er soviel Geld an diese Sekte bezahlt hat, wo er doch jedes Mal Schulden dafür machen musste. Seine Mutter ist Bürgin für den »Firmengründungskredit« über 740.000 Schilling (53.780 Euro). Sie hat ihre Eigentumswohnung für den Kredit belastet und sich nicht einmal das Wohnrecht im Kreditvertrag gesichert. Für diese Summe gibt es in Peters Unternehmen keinen entsprechenden Gegenwert. Die Firmenautos sind geleast, die Büromöbel aus den frühen 70er Jahren bekam er geschenkt. Ausrüstung oder Werkzeug können diesen Betrag auch nicht rechtfertigen, nicht einmal annähernd. Der einzige nennenswerte Firmenbesitz sind zwei Spritzanlagen im Wert von je 35.000 Schilling (2.540 Euro) und zwei längst veraltete Computer. Also wohin ist das viele Geld aus den vielen Krediten verschwunden? Sicherlich hatte die Firma auch Aufwendungen, die finanziert werden mussten, aber den Rest seiner Kreditschulden kann oder will er nicht erklären. Peters Gesamtverschuldung beläuft sich offiziell auf etwas mehr als eineinhalb Millionen Schilling (109.000

Euro). Ich habe allerdings einmal anhand der mir vorliegenden Belege eine Summe von rund zwei Millionen Schilling (145.000 Euro) ausgerechnet, bin mir aber sicher, dass nie alle Belege zu mir kamen, auch nicht, als ich noch in Peters Büro arbeitete. Somit war es mir schon als seine Ehefrau nicht möglich, seine finanzielle Lage zu kennen.

Der scientologisch geführte Betrieb

Bei seinem Unternehmen handelt es sich um einen scientologisch geführten Betrieb, mit einer scientologischen Grundstruktur in der Form eines Franchiseunternehmens. Der Gründer der *Remaill-Technik,* oder wie im Gründerland Kalifornien *Miracle Method,* Bob Grey, ist ein hochrangiger Scientologe in den USA. Die Franchisenehmer verpflichten sich, das vorgesehene Arbeitsmaterial aus den USA zu verwenden und auch zehn Prozent des monatlichen Umsatzes an Bob Grey oder an seine Organisation abzuführen. Die *Remaill-Technik* beschäftigt sich mit der Neubeschichtung von alten, rauh oder unansehnlich gewordenen Badewannen und Duschtassen. Auch zur Behebung von Emailschäden hat Bob Grey ein Spezialverfahren entwickelt. Hauptkunden sind große Hotels und Kuranstalten. Ziel der *Remaill-Technik* in Österreich ist, Marktführer auf dem Gebiet der Badezimmerrenovierung zu werden und alle Konkurrenten mit allen zur Verfügung stehenden Möglichkeiten – ganz im Sinne Hubbards – auszuschalten.

Der »Masterfranchiser« in Österreich ist Z. Seine Methoden im Umgang mit der Konkurrenz sind alles andere als fair. Er fiel mir durch sein flegelhaftes, beleidigendes Benehmen auf, das er selbst ganz natürlich findet. Gern erzählt er bei jeder sich bietenden Gelegenheit, wen er gerade »eingeweicht« oder »ausgetrickst« hat. Peter ist sein Franchisenehmer, aber auch sein begeisterter Anhänger und Freund. Z. ist Peters Vorbild. Das geht soweit, dass Peter nicht nur die Frisur seines Vorbildes nachahmt, sondern auch dessen Sprechweise übernimmt. Ich machte meinen Mann einmal darauf aufmerksam, dass er schon wie das Abziehbild Z.s wirke. Er reagierte sehr unwillig und wies meine Bedenken zurück. Die kämen überhaupt nur daher, weil ich seinen Freund eben nicht leiden könne.

Auch in den Geschäftspraktiken ahmte er Z. nach und wollte dessen unfaire Methoden anwenden.

Zwei Tage nach unserer Heirat besuchte uns Peters Schwester Silvia* mit ihrem kleinen Sohn. Sie erklärte uns, sie wolle die Arbeit in Peters Büro mit Jahresende aufgeben, um mehr Zeit für ihr Kind und ihr Haus zu haben. Peter suchte nach anfänglicher Verlegenheit sofort eine Lösung. Da ich vor meiner Schwesternausbildung die Handelsschule absolviert habe, was jedoch mehr als 16 Jahre zurücklag, könnte ich vorübergehend die Tätigkeiten von Silvia in Peters Büro übernehmen. Ich stimmte freudig zu, denn ich hatte damit Gelegenheit, meinem Mann zur Seite zu stehen. Meinen schon existierenden und bereits unterschriebenen Dienstvertrag mit dem Krankenhaus Baden löste ich sofort auf. Dort hätte ich im November als Operationsschwester meinen Dienst antreten sollen.

In den darauf folgenden Tagen erklärte mir Silvia alle Tätigkeiten in Peters Büro. Bald war ich auf mich allein gestellt. Meine Aufgabe bestand nun darin, alle ankommenden Anrufe genau zu notieren und Auskunft über die Arbeiten und Möglichkeiten der *Remaill-Technik* zu geben, die tägliche Post zu bearbeiten, Kontoauszüge zu öffnen, die Ausgaben und die Einkünfte in Buchhaltungslisten im Computer einzutragen, durchgeführte Arbeiten zu verrechnen und die Kassa zu führen, die so aufbereiteten Belege nach Datum sortiert in Ordner abzulegen und für den

Steuerberater aufzubereiten, der anhand der abgelieferten Belege Saldenlisten und Bilanzen erstellte.

Am Monatsende musste ich die Produktion unserer zwei Arbeiter durchrechnen und die errechneten Daten dem Steuerberater
zur Lohnverrechnung per Fax übermitteln. Dieser errechnete aus
Provision und Produktion den Monatslohn, den ich dann aus-
zahlen musste, was oft nicht leicht war, da selten genug Geld auf
den Firmenkonten lag.

Eine wichtige Aufgabe war die Abfassung von Werbebriefen, teils
nach vorhandenen Musterbriefen, teils nach eigenen Ideen. Ich
gab mir besondere Mühe mit den Briefen, da ich ja wollte, dass
sich die Menschen für die Arbeit meines Mannes interessieren.
Zudem übernahm ich die gewaltige Aufgabe, das Verzeichnis der
Kundenadressen von 2.500 auf nahezu 7.000 zu erweitern.

Diese Arbeit erstreckte sich auf einen längeren Zeitraum, weil ich
meistens erst am Abend nach der aktuellen Geschäftsarbeit Zeit
dafür fand. Auf der Suche nach potentiellen Kunden telefonierte
ich mit nahezu allen regionalen Fremdenverkehrsbüros in den Bundesländern Steiermark, Kärnten Oberösterreich, Teilen von Nie-
derösterreich und dem Burgenland. Ebenso kontaktierte ich öffentliche Stellen, hauptsächlich die Landesregierungen, um an
Adressen von Krankenhäusern, Pflegeheimen, Seniorenheimen,
Kinder- und Erholungsheimen in den jeweiligen Bundesländern
heranzukommen.

Ich ließ mir die entsprechenden Unterlagen schicken und konnte
nun erst mit der eigentlichen Arbeit, der Aufnahme der neuen
Adressen potentieller Kunden beginnen. Jede einzelne neue Ho-
tel-, Krankenhaus- und Heimadresse musste von Hand in den Computer eingetippt werden, ebenso die jeweiligen Ansprechperso-
nen und deren Titel. Diese umfangreiche Arbeit erstreckte sich
auf den Zeitraum Oktober 1996 bis Ende März Anfang/April 1997
und konnte meist erst nach Büroschluss erledigt werden. In dieser

Zeit arbeitete ich etwa drei- bis viermal pro Woche bis 23 oder sogar 24 Uhr. Mein Mann ging entweder schon früher schlafen oder war nach Wien in die →Org gefahren.

Ich erstellte eine neue, aktuelle Unterlagenmappe für das kleine Unternehmen meines Mannes. Auf Anfrage konnte ich dann den Kunden Unterlagen zusenden. Diese Mappen habe ich am Abend im Wohnzimmer sortiert und dann in schöne blaue Klarsichtmappen eingeheftet. Dazu entwarf ich in Eigenregie ein neues Logo für das Deckblatt am Computer. Das war die einzige Arbeit, die nicht von Z. kritisiert wurde. Ansonsten hatte ich keine Chance, einmal kreativ etwas Nichtscientologisches in das Firmengeschehen einzubringen. Alles, was von mir kam, und »normal« zu sein schien, wurde nicht akzeptiert.

Zum Beispiel mussten wir den Richtlinien Hubbards folgend auf jedem Tisch drei Ablagekörbe haben. Diese hatten links auf dem Schreibtisch zu stehen, ob das nun praktisch war oder nicht. Daneben gab es noch ein »Infocenter«, das aus derselben Anordnung bestehen musste.

Eine andere meiner Tätigkeiten war die Werbung, hauptsächlich musste ich unsere Inserate in regionalen Zeitungen unterbringen. Später einigte man sich darauf, mit Z. eine gemeinsame Werbelinie zu entwickeln, die auf Anregung von Z.s Frau Sonja und mir dann auch entstand.

Über jede geschäftliche Aktivität mussten peinlich genaue Statistiken[14] erstellt und geführt werden. Diese statistische Arbeit zählte bis zu Beginn des Jahres 1997 zu meinen Tätigkeiten. Jeden Montagvormittag musste ich die Wochenstatistik an die Firma Z. in Wien faxen. Mit Beginn 1997 übernahm diese Tätigkeit Peter selbst. Damals übergab ich ihm den älteren der beiden Firmencomputer. Er führte die Statistiken nicht so genau wie ich. Im privaten Bereich war er ebenso unordentlich. Sachen, die er irgendwohin legte, fand er nicht mehr. Den Schlüssel zu seinem Auto suchten wir pro Woche sicher zwei- bis dreimal im ganzen Haus. Am Anfang der neuen Arbeitswoche sollte ich »Conditions«[15] über meine Arbeit machen. Ich machte diesen Unsinn kein einziges Mal, worüber sich Peter und Z. immer wieder aufregten. Laut Z. war diese Arbeitsverweigerung ein Teil meiner →Gegenabsichten. Er fragte mich einmal, was für →Betrachtungen ich darüber habe. Ich sagte keine, ich brauche keine »Conditions« über meine Arbeit zu machen, ich bin von sieben Uhr früh bis achtzehn Uhr abends in Peters Firma anwesend und arbeite fast die ganze Zeit durch.

Dazu arbeitete ich oft am Wochenende im Büro, um Massenwerbebriefe zu drucken, wofür während der Arbeitswoche der Firmencomputer blockiert gewesen wäre. Dazu gehörte auch die Besorgung von Druckpapier und Toner für den Laserdrucker in geeigneter Menge. Manchmal besorgte diese Dinge auch mein Mann, wenn er einmal Zeit hatte. Aber meistens war es mein Job, diese Sachen und auch noch Material für die Werkstätte in meiner Freizeit zu holen. Am Samstagvormittag, manchmal auch schon am Freitagnachmittag, besorgte ich mit meinem kleinen PKW Kopierpapier, Ordner, Briefkuverts, 25-Liter-Kanister mit Azeton und Nitroverdünnung, Staubschutzmasken, Klebebänder, Plastikflaschen, Arbeitshandschuhe, Arbeitsoveralls, Müllsäcke und Glühbirnen. Ebenso stellte ich mich oft genug in meiner wenigen Freizeit in die »Werkstätte«, die in Wirklichkeit nur eine alte, schmutzige Garage ist, und begann, dort Ordnung zu schaffen. Ich schleppte dabei auch Dinge herum, die für eine Frau zu schwer sind, wie etwa die 25-Liter-Kanister. Meiner bereits seit einigen Jahren angegriffenen Wirbelsäule tat diese Arbeit nicht besonders gut. Solche Ordnungsaktionen hatte ich immer mit anschließenden Rükkenschmerzen zu bezahlen. Beklagte ich mich einmal darüber, so sagte Peter immer nur, ich müsste ja diese Dinge nicht tun.

»Wenn Sie anfangen, in irgendetwas Ordnung hineinzubringen, dann zeigt sich Unordnung und verschwindet. Bemühungen, Ord-

nung in die Gesellschaft oder irgendeinen Teil der Gesellschaft hineinzubringen, werden daher jedesmal eine Zeitlang Unordnung hervorbringen. Der Trick besteht darin, damit fortzufahren, Ordnung zu schaffen; und bald ist die Unordnung verschwunden, und ordentliche Tätigkeit bleibt übrig. Aber wenn Sie Unordnung hassen und Unordnung nur bekämpfen, sollten Sie niemals versuchen, Ordnung in irgendetwas hineinzubringen; denn die Unordnung, die dabei entsteht, wird Sie halb verrückt machen. Nur wenn Sie imstande sind, Unordnung nicht zu beachten, und wenn Sie dieses Prinzip verstehen können, können Sie eine funktionierende Welt haben.« (L. Ron Hubbard: Eine neue Sicht des Lebens, S. 83)

Er bedankte sich kein einziges Mal dafür. Aber die »Werkstätte« in einer solchen Unordnung zu lassen, wenn vielleicht Kunden kamen oder ein neuer Arbeiter sich vorstellte, das machte in meinen Augen keinen guten Eindruck. Peter sagte in solch peinlichen Situationen stets, wir hätten gerade eine Baustelle, man möge daher diese Unordnung entschuldigen. Ich tat alles nur Erdenkliche, um ihm zu helfen, und ich tat es, weil ich ihn sehr liebte.

Nebenher führte ich unseren wochentags bescheidenen Haushalt, während der Bürozeiten ging ich immer wieder in die Wohnung nebenan, um die Waschmaschine oder den Geschirrspüler einzuschalten. Am Abend, wenn Peter müde von seiner Arbeit heimkam, sorgte ich für eine behagliche Atmosphäre. An den meisten Abenden hatte ich eine kleine Mahlzeit vorbereitet und die Wohnung war stets aufgeräumt. Für Bügelarbeiten und grobe Putzarbeiten hatte ich eine Hilfe, Frau Rosa, die immer pünktlich und ordentlich war und mich somit wirklich entlastete. Am Wochenende machte ich Besorgungen für die Firma und natürlich auch den Einkauf für den Haushalt, nur Dinge des täglichen Lebens, denn wir hatten nicht viel Geld. Am Samstagnachmittag kam immer mein Sohn Tobias und jeden zweiten Sonntag auch Peters

Sohn Florian. Für die beiden Buben kochte ich immer gute Sachen, von denen ich wusste, dass sie sie gerne essen, danach gab es dann meistens noch einen Kuchen. Ich wollte, dass die beiden gutes Essen bei uns hatten und die Wohnung sauber und behaglich war, wenn sie bei uns waren. Ich bestand auch darauf, dass die Buben bei uns in ihren eigenen Dingen Ordnung hielten.

Wenn Peter etwas zur Verschönerung des Wohnbereichs tun sollte, gab es immer Probleme. Ich musste sechs Wochen mit ihm streiten, bis er mit mir Küche, Vorraum und Büro neu anstrich.

Scientology ruft zu Besprechungen

Es war an einem Samstag, als er endlich doch – natürlich nach langem Hin und Her – begann, mit mir und seinem Vater, der extra zum Helfen gekommen war, die Wände zu streichen. Am Nachmittag, mitten in der Arbeit, erhielt er einen Anruf aus der →Org. Daraufhin ließ er alles stehen und liegen und sagte nur, er hätte mit Doris F. etwas Persönliches zu besprechen, das würde ungefähr eine halbe Stunde dauern. Er fahre jetzt nur kurz nach Wien und käme gleich nach dem Gespräch wieder zurück. Die Fahrzeit von Piesting nach Wien dauert länger als das geplante Gespräch, doch um solche Kleinigkeiten kümmerte er sich nie. Die Möbel standen zugedeckt mitten im Raum, ich hatte nicht einmal die Möglichkeit, mich hinzusetzen, die Wände waren entweder noch nass oder noch gar nicht gestrichen – so ließ er mich zurück. Ich war einfach wütend. Am Abend kam ein Anruf aus Wien. Doris F. sagte, die Besprechung dauere nun doch länger als vorgesehen, und anschließend hätte Peter noch an einem Programm zu arbeiten, er komme wahrscheinlich um 22 Uhr nach Hause. Ich war gleich wieder verärgert und fühlte mich, wie so oft, wegen Scientology im Stich gelassen. Es gehörte zu den Gepflogenheiten meines Mannes, Termine und Verabredungen mit mir hinter alles andere zu reihen und mich regelmäßig zu versetzen, zu Gunsten anderer Leute oder zu Gunsten von Scientology. Dieses Gefühl, für ihn an letzter Stelle zu kommen, das er mir immer wieder gab, war eine der vielen Demütigungen, die ich ertrug. Vielleicht hatte es etwas mit dem Wert zu tun, den Scientologen allen anderen Menschen beimessen. Nichtscientologen heißen Wogs[16] oder Raw Meat[17] und gelten als »nicht bei vollem Bewusstsein«.

Ich war ihm nicht wichtig, obwohl ich ihm in meinem Leben alle Priorität einräumte und mich bemühte, immer da zu sein, wenn er mich brauchte. Peter und sein Fortkommen waren mir sehr wichtig; ich wollte für ihn und für mich ein besseres, gemeinsames Leben ohne Schulden in einer schönen Umgebung. Doch ihm war sein Fortkommen im Sinne von Scientology wichtiger, für meine »Äußerlichkeiten« hatte er kein Verständnis. Manchmal fragte ich mich, ob er überhaupt wahrnahm, wie ich seine Umgebung, seine frühere Junggesellenwohnung, verändert hatte. Er sagte einmal, für seinen Erfolg in Scientology wäre er auch bereit, in einem Wohnwagen zu leben.

»Vielleicht gab es einmal eine Zeit, als Sie daran dachten, verheiratet zu sein, ein schönes Heim und eine hübsche, kleine Familie zu haben. Alles wäre bestens. Der Ehemann käme nach Hause, Sie würden das Abendessen servieren, und jeder wäre mit allem glücklich, und dann haben Sie geheiratet und möglicherweise entwickelte es sich nicht ganz so. [...] Nun gut, was machen wir mit einer solchen Situation? Machen wir einfach mit der Ehe Schluss? Oder zünden wir das Haus an? Oder werfen wir die Kinder in die Mülltonne?« (L. Ron Hubbard: Eine neue Sicht des Lebens, S. 3)

Die Selbstbauregale, die wir Anfang 1996 für das Büro kauften, habe ich ohne Peter an einem Abend zusammengeschraubt und aufgestellt. Zuvor hatten sie schon eine Woche lang mit der Verpackung im Weg gelegen. Unser damaliger Arbeiter kam nach

Feierabend noch einmal bei uns vorbei, um mir Lieferscheine zu bringen. Er war erstaunt, dass ich diese Arbeit machte und half mir, als er mich beim Zusammenschrauben und Hämmern im Büro vorfand. Es war schon nach 20 Uhr und daheim wartete seine Frau mit einem Baby auf ihn. Mein Mann war nach einem Streit wegen der Büroregale ganz einfach mit seinem Freund Z. auf ein Bier nach Wien gefahren. Anschließend ging er natürlich noch zu den Scientologen in die →Org. Er sagte danach nur, ich hätte die Regale nicht aufstellen müssen. Ich antwortete ihm, dass mich die Ordner, die jetzt schon seit über einer Woche am Boden des Wohnzimmers standen, gestört hätten und es doch recht mühevoll wäre, alles, was ich im Büro brauche, erst lange zu suchen.

Eine andere Arbeit im Haushalt, die er nicht machen wollte, war die Verlegung eines Laminatbodens, den wir sehr günstig zum Aktionspreis im August 1997 kauften. In der Küche, wo das Linoleum schon Löcher hatte, und im Büro wollten wir einen neuen Boden legen. Der Teppich im Büro war schon sehr schmutzig und abgetreten und keine Visitenkarte für eine erfolgreiche Firma. Immer wieder verschob er den Termin für das Bodenverlegen, und Handwerker konnten wir uns nicht leisten. Peter ist gelernter Tischler, hätte also diese Arbeit mit Leichtigkeit erledigen können. Nach fünf Monaten Streitereien verlegten wir im Februar 1998 den neuen Boden in der Küche. Es ging nicht ohne viel Murren von seiner Seite. Bis zu meinem Auszug am 13. Dezember 1998 wurde der Boden im Büro nicht verlegt, die Laminatbretter lagen noch immer in der »Werkstätte«. Für ihn war Aufräumen und Ordnung halten immer eine Belastung. Für den Chef eines kleinen Unternehmens wäre aber Ordnung sehr wichtig gewesen. Hubbard hat dem Schaffen von Ordnung in allen Lebensbereichen ein ganzes Kapitel gewidmet. Doch anscheinend hatte er diese Stelle nie gelesen, statt dessen las er immer wieder stundenlang im Ethikbuch (→ Ethik). Er wurde fuchsteufelswild, als ich ihn einmal fragte, ob er denn dieses Buch nicht längst auswendig hersagen könne. Gab es ein Problem mit der Arbeit, legte er sich mit dem Ethikbuch aufs Sofa – das war seine Art der Problemlösung.

Ein großes Thema war das Rauchen. Peter rauchte, aber ich war immer schon überzeugte Nichtraucherin. Ich lebe sehr gesundheitsbewusst und achte daher auf das, was ich meinem Körper zuführe, seien es Lebensmittel oder Medikamente. Am Anfang unserer Ehe rauchte Peter überall und zu jeder Gelegenheit in der Wohnung, auch wenn die Kinder bei uns waren. Lange Diskussionen begannen, bei denen ich darauf aufmerksam machte, dass die Kinder und ich von seinem Zigarettenrauch nicht eingenebelt werden wollen, weil das nicht gesund ist und dazu noch stinkt. Einsehen, wenn es das überhaupt war, gab es erst nach einem Jahr, als sich Peter bereit erklärte, nicht mehr im Wohnbereich zu rauchen.

Wenn unsere Arbeiter in der Werkstätte zu tun hatten, und den ganzen Tag im Betrieb anwesend waren, kochte ich auch für die beiden. Sie genossen es und fühlten sich gut bei uns aufgenommen. In der Früh gab es für die Arbeiter immer Kaffee in unserer Küche. Ich bemühte mich um ein gutes Einvernehmen mit ihnen. Sie konnten immer zu mir kommen, wenn sie etwas brauchten. Was auch immer es war, ich hatte stets ein offenes Ohr für sie. Ich will mich hier nicht über den grünen Klee loben, aber in der Zeit, in der ich in Peters Firma die Arbeiter betreute, hatten wir zweieinhalb Jahre lang dieselben Mitarbeiter, Gerhard* und Ernst*, und die ständige Personalfluktuation hatte aufgehört. Es gab keine Kündigungen mehr, auch keine kostenintensiven Endauszahlungen. Wir hatten ganz einfach ein Team, das funktionierte und auf das wir stolz sein konnten.

Urlaub in Amerika

Im Herbst 1996 machten wir gemeinsam mit Urs U. und dessen Tochter Iris eine Kalifornien-Rundreise. Peter hatte den Preis für die beste Produktion in der Remaill-Technik Österreich-Schweiz-Deutschland für das Jahr 1995 gewonnen. U. ist Schweizer und in gewissem Sinne Peters Vorgesetzter in der Remaill-Technik, denn er ist der Master-Franchise-Geber, von dem Z. die Rechte für Österreich erworben hat. Peter wiederum ist Franchise-Nehmer von Z.

Schon auf dem Flughafen machte Urs mich auf überhebliche Weise darauf aufmerksam, dass die monatlichen »Royalities«, Lizenzgebühren, die Peter als Franchise-Nehmer zu zahlen hatte, diesmal wieder nicht rechtzeitig auf seinem Konto eingetroffen waren. Diese Gebühren betrugen zehn Prozent des Umsatzes unseres kleinen Unternehmens.

Wir flogen von Genf nach Los Angeles. Von dort starteten wir die Rundreise mit dem Auto durch Kalifornien und Nevada. In Los Angeles besuchten wir natürlich die LRH-Galerie. Die »LRH-Gallery« ist – auch wenn der Vergleich jeden braven Muslim erschüttern mag – mehr als das Mekka der Scientologen; dort wird dem Gründer in unglaublich übersteigerter Art gehuldigt. U. und Peter stolzierten wie zwei Gockel durch die Ausstellung über das Leben ihres »Religionsstifters« L. Ron Hubbard. Ach wie toll war doch Ron gewesen, Ron dort und Ron da, Ron hin und Ron her ... Das allererste →E-Meter durften wir bewundern, ebenso das allererste →Dianetik-Buch, einen supertollen Film über den noch viel tolleren Ron: Ron als Familienvater am Herd, auf dem Arm eine Tochter, Ron als Forscher, Schriftsteller, Ron auf jedem Wissensgebiet zu Hause. Es hingen unendlich viele Zertifikate, Urkunden und Anerkennungsschreiben in protzigen Goldrahmen an den Wänden, ich schätze zwischen 400 und 500 Stück.

Ich erlebte einen Personenkult, wie ich ihn bisher nicht kannte.

Unsere Führerin war eine deutschsprachige Schweizerin, die sehr ehrfurchtsvoll von Ron erzählte. Viel später erst hörte ich auch Kritik an Hubbard, las Bücher, die keinesfalls dieses großartige Bild von ihm verbreiteten und erfuhr auch, dass Hubbard ungefähr 300 Jahre hätte leben müssen, um all das zu schaffen, was Scientology ihm zuschreibt.

U.s Tochter Iris war 18 Jahre alt und natürlich eine eingefleischte Scientologin, sie war Lebensmittelverkäuferin und schien damit sehr glücklich zu sein. Eines von Iris' Beinen ist zirka drei Zentimeter kürzer als das andere, was ihr bei längerem Gehen und Stehen Beschwerden machte. Sie fiel manchmal ganz einfach hin, weil sie durch die Anstrengung, diesen Unterschied ausgleichen zu müssen, ermüdete und ihre Beine die Kraft verloren.

Ich fragte Urs, ob er mit Iris schon einmal beim Orthopäden war, da Spezialschuhe diese Differenz ausgleichen könnten. Er wurde sehr zornig und sagte, natürlich ließe er sie nicht behandeln, denn die Ärzte seien alle Verbrecher. Dann wechselte er übergangslos das Thema und kam auf Aids zu sprechen, eine Krankheit, über die er ganz genau Bescheid wisse: Woher sie komme und wie man sie besiegen könne, wisse er am besten von allen Menschen auf der ganzen Welt. Ich sagte nichts mehr, denn wir waren zu viert in einem Auto unterwegs und der größte Teil unserer Rundreise lag noch vor uns, wir waren gerade in Palm Springs eingetroffen. Ich wollte keine Diskussionen, die schließlich doch nur zu Streit zwischen Peter und mir geführt hätten. Außerdem kannte ich die merkwürdige Einstellung von Scientologen gegenüber der Medizin schon.

»Brillen sind ein Symptom der Verminderung des Bewusstseins. Jemand braucht eine Stütze für sein Sehvermögen heller und klarer aussehen zu lassen. Die Unfähigkeit, sich schnell zu bewegen, [...] ist ein Abnehmen des Bewusstseins und der Fähigkeit.«
(L. Ron Hubbard: Eine neue Sicht des Lebens, S. 56 f.)

Ich empfand U.s Zornesausbruch als Kränkung im Zusammenhang mit meinem Beruf als Diplomkrankenschwester. Immer wieder passierte es, dass ich von Scientologen wegen meines Berufes und wegen meiner Zusammenarbeit mit Ärzten beschimpft wurde. Ärzte und Krankenschwestern sind laut Scientology arrogant, Psychiater und Psychologen sogar kriminell.

Ich habe im Rahmen einer Schwesternfortbildung über Aids und Aids-Patienten im Operationssaal einen ausführlichen Bericht geschrieben und auch vor den Krankenschwestern vorgetragen. Dazu musste ich mir Informationen aus der Forschung sowie Arbeitsberichte von Krankenstationen, auf denen Aids-Patienten lagen, besorgen. Ich hatte damals fast ein Jahr damit zugebracht, den Wissensstand über Aids für meine Kolleginnen zu erarbeiten. Dabei hatte ich viele Male Gelegenheit, mit Aids-Kranken zu sprechen. Ich habe meinen Beruf aus sozialen und moralischen Gründen gewählt und war stets darauf bedacht, die Berufsethik und die Interessen der Kranken zu beachten. Noch immer bin ich gerne Krankenschwester und werde mich, solange ich arbeiten kann, für kranke und sozial schwache Menschen einsetzen. Diese Einstellung konnte ich Peter niemals klarmachen. Er verstand nie, was ich damit meinte. Er zeigte niemals auch nur so etwas ähnliches wie Mitgefühl. Ich tröstete mich immer damit, dass es eines Tages ganz sicher besser werden würde.

Das Celebrity-Center in Hollywood hätte auch noch auf dem scientologischen Reiseprogramm gestanden, doch ich weigerte mich, es zu besuchen. Statt dessen besichtigten wir die Universal-Studios. Wir waren in San Diego, fuhren durch die Wüste nach Palm Springs und nach Las Vegas, wo wir auch Kasinos besuchten, weiter ging es ins Death Valley, den Yosemite National-Park und schließlich nach Monteray an den Pazifik. Dort nahm ich das schönste Bad, das ich je hatte. Wir fuhren den Highway Number One weiter nach San Francisco, diese Stadt mit ihren viktorianischen Häusern auf den zahllosen Hügeln gefiel mir viel besser als Los Angeles, das teilweise wie eine Barackenstadt aussieht. Natürlich nicht in Beverly-Hills, dort sah ich die schönsten Häuser, die ich mir nur vorstellen konnte. In San Francisco besichtigten wir alle erdenklichen Sehenswürdigkeiten, aßen im Fischereizentrum am Hafen und spazierten an einem herrlich schönen Sonnenvormittag über die Golden Gate Bridge. Am letzten Tag besuchten wir die Gefängnisinsel Alcatraz.

Bei dieser Reise wollte ich mit Peter in entspannter Atmosphäre meinen Kinderwunsch besprechen. Ich wollte ganz einfach ein Kind in unserer Ehe. Doch er durfte ganz offensichtlich nicht noch ein Kind mit einer nichtscientologischen Frau haben. Da zeigte sich wieder einmal die merkwürdige Einstellung von Scientology gegenüber Kindern.

Scheinbar hat er unsere Kinderdiskussion auf dieser USA-Reise auch →auditiert, ich fand handschriftliche Notizen über eine Diskussion mit einer mir unbekannten Brigitte. Mich kränkte es, dass er mit fremden Menschen so intime Details aus unserer Ehe besprach. Viel später erst kam ich darauf, dass er regelmäßig Berichte an Scientology schrieb, in denen es um die intimstem Details unserer Beziehung ging.

Die Pflichten einer Ehefrau

Nach und nach ist es mir auch trotz meiner bescheidenen finanziellen Möglichkeiten gelungen, die Wohnung behaglicher zu machen, Pflanzen auf die Fensterbretter zu stellen, hübsche Vorhänge und Bilder aufzuhängen. Wenn kein Geld aus der Firma da war, war es für mich selbstverständlich, diese Dinge aus meiner eigenen Tasche zu finanzieren. Im ersten Jahr unserer Ehe versorgte ich meinen Mann zum Geburtstag und zum ersten gemeinsamen Weihnachtsfest mit schöner, modisch eleganter, aber auch etwas teurerer Bekleidung, damit er bei Kundenbesuchen, beispielsweise mit einem Hoteldirektor oder einem Kurverwalter, nicht so ungepflegt aussieht wie es seine Gewohnheit war. Er hat sich über diese Geschenke sehr gefreut und diese Garderobe gerne getragen. Auch wenn er in die →Org nach Wien gefahren ist, kleidete er sich nun so.

Auch als ich mit Peter verheiratet war, bekam ich ab und zu Geld von meiner Mutter. Sie kaufte mir manchmal auch etwas Schönes, wie beispielsweise eine Jacke von Chanel. Peter wirft mir vor, ausschließlich Designerkleidung zu tragen, was aber nicht stimmt. Wahr ist, dass ich einige Designerkleidungsstücke besitze. Doch die hatte ich entweder schon vor unserer Heirat gekauft oder von meiner Mutter geschenkt bekommen. Der größere Teil meiner Garderobe ist normale Kaufhauskleidung. Vor meiner Ehe mit Peter nähte ich mir auch einige schöne Kleider. In der Zeit, in der ich mit Peter zusammen war, hatte ich kein Geld, um Designerkleidung zu kaufen.

Die Gartenarbeit verrichtete ich fast ausschließlich alleine, das Rasenmähen übernahm Peters Vater. Nur in den seltensten Fällen half Peter mir. Vor und hinter dem Haus erstreckten sich insgesamt 4.000 Quadratmeter Garten. Die Auffahrt war mehr als siebzig Meter lang, und die Kunden mussten dort durchgehen oder durchfahren. Daher war es mir ein besonderes Anliegen, Brennnesseln und Gestrüpp zu entfernen. Außerdem liefen im Sommer unsere Kinder im Garten herum, dort, wo vor meiner Reinigungsaktion Glassplitter, rostige Nägel in morschen Brettern, Baugitter und Metallverschlüsse von Bierflaschen in rauhen Mengen herumlagen. Es war also auch in seinem Interesse, diese Missstände zu beheben und statt Brennnesseln Ringelblumen und Rosen zu pflanzen.[18] Ich legte einen kleinen Gemüsegarten an und konnte Tomaten, Zucchini und Kräuter ernten. Da in Piesting eine verheerende Schnecken-

plage herrschte und die Nacktschnecken alles kahl zu fressen droh-
ten, kaufte ich in meinem zweiten Ehejahr türkische Enten, die
diese Schnecken mit Vergnügen fraßen und uns so den Garten
schneckenfrei hielten. Die Enten hießen Anthony und Daisy. Im
letzten Jahr hatte ich auch eine Graugans, die mir zugeflogen war
und sich bei uns im Garten sehr wohl fühlte.

Peter fluchte, als ich ein Biotop anlegen wollte und er mir beim
Aufhacken des Bodens helfen sollte. Er meinte, das sei vertane
Zeit. Ich wiederum argumentierte, dass es ja auch für die Kunden
schöner sei, wenn es rund um den Betrieb kultiviert aussähe.

Doch der nunmehr sehr gepflegte Garten interessierte ihn nicht.
Im Gegenteil, bei der Scheidung warf er mir vor, mich zuviel um
die Gartenarbeit gekümmert zu haben.

Er warf mir in seiner Entgegnung auf meine Scheidungsklage auch
vor, dass ich oft am Abend vor dem Fernseher saß. Ja, es stimmt,
ich habe mir am Abend manchmal etwas im Fernsehen angeschaut,
aber sein Konsum an noch dazu meistens brutalen Filmen war
bedeutend größer. Er hatte eine Vorliebe für Filme, in denen Menschen nur so dahingeschlachtet werden. Er ließ sich von einem
Elektriker aus dem Nachbarort eine Satelliten-Antenne montie-
ren und saß dann noch viel öfter als zuvor vor dem Fernseher.

Aus Platzmangel mussten die Buben, wenn sie bei uns übernach-
teten, im Wohnzimmer auf einer Couch schlafen. Er schaltete den
Fernseher nicht einmal aus, wenn die Kinder schlafen gingen. Sagte
ich dann, er solle die Flimmerkiste abstellen, war er meistens böse,
weil er sich die brutalen Filme nicht zu Ende anschauen konnte.
Ich machte ihn immer wieder darauf aufmerksam, doch nicht in
Gegenwart der Kinder solche Filme laufen zu lassen, er könne
doch etwas anderes auswählen und gemeinsam mit den Kindern
anschauen. Er meinte dann nur, diese Filme würden den Kindern
auch gefallen.

Meine erzieherischen Bedenken wischte er einfach weg.

Aber er regte sich auf, wenn ich den Fernseher einschaltete, weil ich nach einem ganzen Tag Büroarbeit und Zahlen, kein Buch mehr lesen konnte und eine Unterhaltung mit ihm nicht möglich war, da sie ohnehin im Streit geendet hätte. Ich sah mir hauptsächlich ruhige oder romantische Filme an, aber auch Nachrichtensendungen und Dokumentationen, vor allem über medizinische Forschung. Das störte ihn, denn in den Nachrichten wurde natürlich auch über negative Dinge berichtet und die wollte er nicht →konfrontieren.[19] Als ich einmal sagte, ich sehe mir gerade diese Informationssendung an, weil u. a. von der Umstellung auf den Euro berichtet wurde und ich gerne Informationen hätte, wie es mit den Zinsen und den Entwicklungen für den Einzelnen durch die Währungsumstellung aussieht und was sich für die Firma dadurch ändern würde, wurde er ganz besonders zornig. Er beschuldigte mich, ich würde mich nur deshalb mit diesem Thema beschäftigen, weil ich mich dann noch mehr über seine Schulden freuen könnte. Ich sagte ihm, dass ich mir wie jeder andere auch Gedanken über die Währungsumstellung mache und dies absolut nichts Außergewöhnliches sei und schon gar nichts mit seinen Schulden zu tun hätte. Doch es war sinnlos, er wollte mir einfach nicht glauben.

Mary Sue Hubbard kannte ich damals noch nicht. Sie war eine von L. Ron Hubbards Ehefrauen und beschrieb 1970 die Pflichten des Ehepaares in der Broschüre »Marriage Hat«.[20] Den 23 Hauptpflichten der Ehefrau stehen nur 21 des Ehemannes gegenüber. Zu den Pflichten der Frau gehören: Kochen, Waschen, Bügeln, Einkaufen, Kinder erziehen und noch einiges mehr rund um den Haushalt. Aber auch Schönsein für den Ehemann gehört dazu. Die 15. Pflicht heißt, sich keinesfalls mit Gesichtsmaske oder Lockenwicklern vor dem Mann zu zeigen, sondern immer sauber und attraktiv zu sein. Ich war also die ideale scientologische Ehefrau, obwohl ich diese Vorschriften nicht kannte. Mein Mann wusste das nie zu schätzen. Er kannte anscheinend seine Aufgaben nicht. Zu diesen hätte gehört, den Rasen zu mähen und kleinere Reparaturen durchzuführen, aber auch, mir gelegentlich Blumen und kleine Geschenke mitzubringen.

Ende 1997 konnten nicht mehr alle Arbeiter der Firma bezahlt werden, daher wurde einem neuen Mitarbeiter wieder gekündigt. Er hatte familiäre Probleme und war zuletzt sehr oft im Krankenstand. Ich schied ebenfalls offiziell aus der Remaill-Technik aus. Es war ein glückliches Zusammentreffen, dass ich gerade in dieser Situation das Angebot bekam, in einem Wiener Krankenhaus für zwanzig Stunden pro Woche im Operationssaal zu arbeiten. Ich hatte dort bereits einige Aushilfsdienste gemacht und wollte gerne wieder in meinem Beruf arbeiten. Das Schwesternteam dort ist sehr gut, was ein zusätzlicher Ansporn für mich war. Den Rest der Woche, so war es vereinbart, würde ich in Peters Büro arbeiten, nicht mehr als offizielle Bürokraft, sondern als Ehefrau, die die Buchhaltung nebenbei macht. Mit dem damaligen Steuerberater wurde beratschlagt, in welcher Form ich nun entlohnt werden könnte, und wir einigten uns darauf, dass mir Peter in Form von Privatentnahmen monatlich 8.000 Schilling (581 Euro) geben sollte. Im Jahr 1998 musste ich oft Monate auf meine Entlohnung warten, weil Peters Firma kein Geld hatte. Ich war aber auf die 8.000 Schilling angewiesen, weil ich aus meinem Zwanzig-Stunden-Job nur ungefähr 11.000 Schilling (800 Euro) bekam, aber weiterhin finanzielle Verpflichtungen hatte (Miete, den Unterhalt für meinen Sohn, Telefon, Bausparverträge, Lebensversicherung und Autoversicherung; natürlich brauchte ich auch Geld für den Haushalt, denn er gab mir kein regelmäßiges Wirtschaftsgeld).

Auch Peters einziger noch verbliebener Mitarbeiter Gerhard musste auf sein Geld warten. Zum Jahresende stellte sich heraus, dass Peters Firma gerade das erste Mal einen Gewinn gemacht hatte, laut Buchhaltung 800.000 Schilling (58.000 Euro). Doch auf dem Konto war kein Geld. Wo war es geblieben?

Zurück ins Berufsleben

An den Tagen, an denen ich im Krankenhaus arbeitete, wurde immer wieder Geld ohne Beleg aus der Kassa entnommen. Natürlich merkte ich, dass Geld fehlte, und ich fragte Peter auch danach. Er sagte dann, er hätte Z. Materialrechnungen oder dies oder das bezahlt. Ich sagte, er müsse mir das doch bitte aufschreiben, wenn ich nicht da bin und mir auch die Zahlungsbelege für die entnommenen Summen bringen. Manchen Belegen bin ich wochen- oder monatelang nachgelaufen. Viele dieser Belege habe ich nie bekommen, vermutlich weil es sie gar nicht gab. Ich musste dann am Monatsende alle Fehlbeträge als Privatentnahmen buchen. Das war bald ein gängiger Trick in der Buchhaltung, denn am Ende des Monats müssen in der Kassa die Einnahmen und Ausgaben stimmen. Mit Hilfe dieses Tricks, zu dem mir die neue Steuerberaterin im Jahr 1998 geraten hatte, stimmte Peters Kassa immer, doch wo war das Geld geblieben?

1998 hatte Peter immer wieder auf seinem Firmenkonto bei der Volksbank Bankomatabhebungen in der Höhe von 5.000 Schilling (363 Euro). Als Bearbeiterin seiner Kontoauszüge musste ich ihn fragen, was mit diesem Geld finanziert wurde, wenn ich den entsprechenden Beleg nicht bekam. Er überraschte mich gewöhnlich damit, dass er vorgab, nicht mehr zu wissen, wofür er das Geld ausgegeben hatte. Diese fehlenden Belege kann ich nicht erklären, denn es gab auch keine Beträge darüber. Doch Peter beschuldigte mich, ungenau gearbeitet zu haben. Wer mich kennt, weiß auch, dass ich allergrößten Wert auf Ordnung in allen Lebensbereichen lege. Ich habe immer sehr sorgfältig gearbeitet, daher empfinde ich es als schwere Beleidigung, wenn mir Unordnung vorgeworfen wird.

Unordnung gab es wirklich, aber auf Peters Schreibtisch. Hatte ich die Jahre zuvor immer wieder nachgesehen, was auf seinem Schreibtisch an wichtigen Rechnungen liegen geblieben war, so war es mir nun aufgrund meiner reduzierten Arbeitszeit für die Firma unmöglich, sein Durcheinander zu ordnen. Es blieben daher immer wieder wichtige Dinge unerledigt. Beispielsweise lag eine Versicherungspolice für den Firmenwagen, mit dem unser Arbeiter fuhr, unerledigt auf dem Schreibtisch. Erst als unser Versicherungsvertreter (ein gemeinsamer Freund) anrief und mir sagte, dass am nächsten Morgen die Zulassungsbehörde kommen und die Kennzeichen des Firmenautos abschrauben werde, hat Peter reagiert. Er stapelte alle ungeöffneten Kuverts, inklusive der eingeschriebenen Mahnungen für diese Versicherungssumme, irgendwo auf seinem Schreibtisch und kümmerte sich nicht darum.

Ich hoffte, durch die Drohung, das Auto werde abgeholt, würde er zukünftig doch ordentlicher sein. Aber ich hatte mich getäuscht – es ging so sorglos weiter wie bisher. Am 14. Oktober 1998 stand der Gerichtsvollzieher vor der Tür. Zuerst erschrak ich sehr, denn bis zu diesem Tag hatte ich mit Gerichtsvollziehern und Pfändungen nichts zu tun. Er sagte, er müsse 1.800 Schilling (131 Euro) pfänden. Ich könne den Betrag aber auch bar bezahlen. Als ich nachfragte, eröffnete er mir, mein Mann wurde bereits zwei Wochen zuvor per Gerichtsbrief verständigt und müsse daher ja wissen, wofür er bezahlen solle. Ich habe nie eine Rechnung, eine Mahnung oder einen gerichtlichen Zahlungsbefehl für diese Summe gesehen. Eigenartigerweise ist die gelbe Zahlungsbestätigung, die mir der Gerichtsvollzieher gab, später ebenfalls verschwunden und nie wieder aufgetaucht.

In der Buchhaltung fand ich nie einen Hinweis auf diesen Betrag.

Die Freunde meines Mannes

Ich ärgerte mich immer mehr über seine Fahrten nach Wien, weil er dort bis zu vier Abende pro Woche verbrachte und mich allein in Piesting zurückließ. Er sagte immer wieder, ich könnte ja mitfahren. Das tat ich dann, ich ließ mich sogar dazu überreden, drei kleinere Kurse bei Scientology in Wien zu machen. Diese bestanden hauptsächlich darin, in kindischer Art und Weise mit Büroklammern, Gummiringen und sonstigen Kleinutensilien[21] erlebte Situationen oder solche aus dem soeben gelesenen Lehrstoff nachzustellen. Ich kam mir dabei außerordentlich dumm vor, fühlte mich auf Kindergartenniveau zurückgesetzt. Die Kursüberwacherinnen[22] waren jedoch mit meinen Leistungen sehr zufrieden und →bestätigten mich auch dafür. Einmal sagte Christa Z., es gäbe selten jemanden wie mich, mit einer so schnellen Auffassungsgabe. Den anschließenden Kursabschluss hatte ich bei Barbara K. zu machen, sie sagte mir, ich sollte die Ringe von meinen Fingern ziehen und das →E-Meter in die Hand nehmen. Es sei nur ganz wenig Strom darin und es diene dazu zu sehen, ob ich Erfolg mit meinem Kurs hätte. Ich sagte, das könne ich ihr auch so sagen, ich könne mir aufgrund meines Wissens aus der Medizin nicht vorstellen, dass es ein Gerät gäbe, mit dem man Erfolg messen kann. Sie waren entsetzt, weil ich bei keinem Kursabschluss das E-Meter in die Hand nahm, ließen mich aber trotzdem die Kurse machen, die nicht viel kosteten, nur rund 800 Schilling (58 Euro) je Kurs. Mein Mann bezahlte für mich. Das war eine der wenigen Gelegenheiten, für die er Geld für mich ausgab. Diese preisgünstigen Kurse sind als Einstieg gedacht und sollen dazu verlocken, wegen der angeblichen Erfolge, weitere und dann natürlich teurere Kurse zu belegen.

An einem solchen Abend versuchte man, mir einen so genannten →Persönlichkeitstest aufzudrängen, den ich im Nebenraum ausfüllen sollte. Ich las den Fragebogen, auf dem ein Foto Albert

Einsteins war, genau durch und fand die Fragen viel zu persönlich. Einige Fragen beschäftigten sich damit, wann und wie oft ich Muskelzuckungen hätte. Nach ungefähr zehn Minuten gab ich den »Test«, unausgefüllt der Kursüberwacherin zurück und sagte, ich würde nichts ausfüllen, weil mir die Fragen zu weit gingen und nichts mit meinem Kurserfolg zu tun hätten. Sie reagierte enttäuscht, und mein Mann, der sich mit ihr unterhielt, war ziemlich böse. Ungefähr eine Woche später fragte mich Doris F., die Leiterin der Wiener →Org, ob ich Mitglied bei der IAS[23] werden wolle, denn so großartige, lebensbejahende Menschen wie mich würden für die Errettung des Planeten Erde gebraucht. Ich sagte, ich wolle keiner anderen Religion beitreten und außerdem hätte ich nicht das nötige Geld dafür. Peter wollte den Mitgliedsbeitrag für mich bezahlen, doch das lehnte ich ab.

Ich bin katholisch und will es auch bleiben, es ist einfach der richtige Glaube für mich. Peter trat 1998 aus der katholischen Kirche aus, obwohl ich ihn gebeten hatte, es nicht zu tun. Seit diesem Zeitpunkt war ich kaum mehr in der →Org in der Schottenfeldgasse.

Ich begleitete ihn 1996 auch zu zwei Abenden bei »Business Success« in Wien. Dort hielt Franz W., einer der Mitbesitzer, vor rund dreißig Personen einen Vortrag über »Zustände« (→ Ethik).

Am Anfang unserer Ehe war Peter noch zusätzlich zu all seinen Verpflichtungen auch im »Charter Comittee Vienna« tätig, jeden Dienstag bis 22 Uhr. Seine Aufgabe war es, Streitparteien, die dort →gehandhabt wurden, anzurufen und Termine für Gespräche zu vereinbaren. Sein damaliger Spitzname war »Bulldogge«. Ich beschwerte mich bei Peter, dass er nicht nur an vielen Abenden, sondern auch am Wochenende nicht zu Hause war. Er beendete damals die Tätigkeit für das Charter Comittee, was er mir aber immer wieder bei Streitereien vorwarf. Er behauptet, ich habe ihm damals mit der Scheidung gedroht. Doch er war es, der das Wort Scheidung immer wieder ins Gespräch brachte. Erst viel später erfuhr ich von einem seiner Scientology-Freunde, dass man mit seiner Arbeit nicht ganz zufrieden war und es allen nur recht war, dass er von selbst aufgehört hatte. Das Büro des Charter Comittee Vienna befand sich zum damaligen Zeitpunkt in der Linzerstraße 32, in einem Nebenraum des Werbestudios Angelika T., genau genommen war es ein Abstellraum. Ich habe es nur einmal gesehen als wir einen Sessel und ein Fax-Gerät hinbrachten.

Im Dezember 1995 fanden Silvia und ich am Boden unter Peters Schreibtisch einen kleinen Stapel zusammengelegter Zettel. Offensichtlich waren sie ihm in seiner Unordnung hinuntergefallen, ohne dass er es merkte. Silvia hob sie auf, und auch ich bückte mich, um ihr zu helfen. Da sie neben dem Altpapierkübel lagen, konnte man auch meinen, sie wären beim Wegwerfen daneben gefallen. Als wir dann nachschauten, um was es sich handelte, entdeckten wir, dass es Rechnungsbelege der Scientology-Church Wien waren, aus denen hervorging, dass Peter an Scientology schon Beträge von mindestens 300.000 Schilling (21.800 Euro) bezahlt hatte.

Wir waren beide eine ganze Weile sprachlos und beschlossen dann, Peters Eltern, die ohnehin schon jahrelang unter seinen scientologischen Aktivitäten gelitten hatte, nichts von diesem Geld zu erzählen. Seit damals wusste ich, dass Scientology nicht die Kirche ist, für die sie sich nach außen ausgibt.

Wie hilflos ich wirklich war, war mir zu dem damaligen Zeitpunkt nicht bewusst, wie aussichtslos alle meine Versuche und Aktivitäten von Anfang an waren, wird mir erst jetzt klar. Ich musste wieder mit einer Scheidungsdrohung von Peter rechnen, wenn ich neuerlich in Opposition zu Scientology treten würde, so versuchte ich es nun auf die sanfte Weise.

Ich begann, ihn zu verwöhnen, ihm zu Hause noch mehr Geborgenheit zu geben. Ich versuchte, seine Nichtscientology-Freunde dafür zu gewinnen, ihm das Leben außerhalb diese Sekte schmackhaft zu machen. Auch seine Familie war in diesen Plan eingeweiht und wir versuchten in Piesting einen lieben intakten Freundeskreis für Peter wiederherzustellen. Ich probierte ab und zu, Peters Eltern zum sonntäglichen Kaffee oder Essen zu bitten, oder umgekehrt arrangierten wir Besuche bei seinen Eltern, seiner Schwester und bei Freunden. Ebenso luden wir meine Schwester und ihren Mann, deren Kinder und meine Eltern ein, fuhren sie besuchen oder unternahmen etwas mit ihnen. Außerdem habe ich sehr gerne Gäste und Freunde um mich; sie bereichern das Leben. Wir machten im Sommer Grillfeste, bei denen wir ab und zu auch Scientologen einladen mussten, sonst wäre meine Absicht zu stark aufgefallen. Grundsätzlich machte ich bei solchen Gelegenheiten auch keine Unterschiede zwischen Scientologen und Nichtscientologen, da auch die meisten von ihnen sehr liebe Freunde von mir geworden sind. Mittlerweile sind sie es nicht mehr. Darüber habe ich mich kurz nach der Scheidung sehr gewundert. Ich musste damals auch damit rechnen, dass die Scientologen noch für geraume Zeit einen Teil unseres Umfeldes darstellen würden. Später erfuhr ich, dass ich genauso gehandelt hatte, wie Sektenberatungsstellen es in solchen Fällen empfehlen. Doch der Erfolg war nicht von Dauer.

Die Einkäufe für diese Grillfeste hatte nach Peters Ansicht natürlich ich zu machen, genau wie alle unsere Einkäufe. Als ich ihn fragte, ob er mir am Samstag vor dem stattfindenden Grillfest beim Einkaufen helfen könnte, ob er wenigstens die Mineralwasserkisten und die Bierkisten tragen würde, sagte er, er habe vor, am Samstag in die →Org zu fahren und habe daher keine Zeit. Wieder einmal hatten wir einen Streit, weil ihm die Scientologen wichtiger waren als meine Einkäufe. Nach längerem Hin und Her ließ er sich unter Gemurre dazu herab, mir doch zu helfen. Diesen Vorfall hielt er mir später immer wieder vor.

Nach einiger Zeit war ihm diese Situation zu eng, und er begann wieder, häufiger in die →Org zu fahren. Dem gingen zahllose Anrufe für Peter voraus, oft auch spät in der Nacht. Hauptsächlich riefen Frauen an, die sich nicht einmal vorstellten und mich noch dazu duzten, obwohl ich sie nicht kannte. Es waren dreißig verschiedene Anruferinnen oder auch mehr, eines Tages habe ich aufgehört mitzuzählen. Ich beschwerte mich immer wieder bei Peter über diese Anrufe und auch über deren Form und fragte ihn, was denn diese Frauen von ihm wollten. Einmal rief ich dann in der →Org in Wien an und beschwerte mich über diese Anrufe. Ich sagte, dass Peter jetzt verheiratet sei und ich diese Anrufe, noch dazu zu so später Stunde, nicht mehr entgegen nehmen wollte. Ganz bestimmt war ich auch eifersüchtig.

»Eifersucht ist der größte Faktor beim Auseinanderbrechen von Ehen. Eifersucht entsteht aufgrund einer Unsicherheit der eifersüchtigen Person; die Eifersucht mag begründet sein oder auch nicht. Diese Person hat Angst vor versteckten Kommunikationslinien und würde alles tun, in dem Versuch, sie aufzudecken. Das wirkt sich auf den anderen Partner so aus, dass er das Gefühl bekommt, seine Kommunikationslinien wären abgeschnitten, denn er fühlt sich berechtigt, offene Kommunikationslinien zu haben, während sein Ehepartner darauf besteht, dass er viele von ihnen schließt.« (L. Ron Hubbard: Eine neue Sicht des Lebens, S. 56)
In unserer ganzen gemeinsamen Zeit haben für mich nur zwei Männer angerufen, zwei Freunde aus alten Zeiten, die auch ihren Namen nannten. Die Anrufe von Peters »Freundinnen« haben nie aufgehört. Nicht einmal am Nachmittag des Muttertages, als wir unsere Mütter auf meine Initiative hin zu Kaffee und Kuchen eingeladen hatten, war Ruhe. Auch da rief zweimal hintereinander jemand von der →Org in Wien an. Es half alles nichts, es war ganz einfach keine Ruhe zu bekommen. Damals wusste ich natürlich noch nicht, dass ständiges Anrufen zu den üblichen scien-

tologischen Praktiken gehört, wenn die Vermutung aufkommt, ein Mitglied könnte austreten wollen.

Systematisch bekam Peter einen neuen Zeitplan verpasst, er sollte keine Zeit mehr haben für Frau, Familie und Freunde, keine Zeit mehr für Gespräche mit diesen Menschen.

»Kommunikation ist die Wurzel des ehelichen Erfolgs, aus welcher eine starke Einheit erwachsen kann, und Nicht-Kommunikation ist der Felsen, an dem das Eheschiff seinen Kiel zerschmettern wird.« (L. Ron Hubbard: Eine neue Sicht des Lebens, S. 54)

Statt mit mir etwas zu unternehmen, hatte er immer mehr Kontakt zu seinen scientologischen Freunden, zu seinen →Auditoren, die als eine Art Gedankenpolizei fungieren und das Leben der Mitglieder total ausleuchten, die Gedankenwelt verändern und schließlich einen Menschen komplett beherrschen können – ein Prozess, der über Jahre fortdauern kann.

Die finanzielle Entwicklung in Peters Firma wurde immer dramatischer. Doch Ende 1996 stellte Peter auf Zureden von Z. und trotz meines Abratens einen dritten Arbeiter ein, den wir eigentlich nicht bezahlen konnten. Die Kosten für die beiden anderen Arbeiter und für mein Gehalt betrugen mit dem Weihnachtsgeld im Dezember 1996 ungefähr 150.000 Schilling (10.900 Euro). Das war nicht mehr finanzierbar, und so versuchte ich zum x-ten Mal, mit Peter ein realistisches Gespräch über seine Firma und seine immer größer werdenden Schulden zu führen. Auch die Rentabilität der Firma sprach ich an. Es brachte absolut nichts, er sagte mir nur immer wieder, ich hätte →Gegenabsichten und würde mich an den negativen Zahlen doch nur erfreuen. Meine allergrößte Freude wäre es, wenn er mit seiner Firma untergehen würde. Ich war erstaunt, dass mein Mann eine solche Meinung von mir, seiner Ehefrau, haben konnte. Ich versicherte ihm immer wieder, dass ich ihn liebe und es mir wirklich am Herzen läge, dass er endlich Schluss mit seinen unsinnigen Schulden und mit seiner Firma machen würde. Peter hat einen guten Beruf erlernt und mit einigen Nachschulungskursen könnte er als guter Handwerker, gerade in dieser Zeit, in der viele Menschen Wert auf die Qualität des Handwerks legen, sicher gut verdienen. Er hat das Tischlerhandwerk in der HTL in Mödling gelernt.

Als ich nicht mehr weiter wusste, bat ich Silvia, die die finanzielle Situation der Firma ebenso gut kannte wie ich, mir doch zu helfen, ihn von einer vernünftigen Lösung zu überzeugen. Wir sprachen mit ihm fast vier Stunden lang, danach waren wir müde und hatten nichts erreicht. Zu stark war der Einfluss von Z., der ihm wieder und wieder sagte, dass ich →Gegenabsichten und →Betrachtungen hätte und so wie früher Karin alles nur →dramatisiere.

Trotz aller Probleme im Betrieb hatte Peter für Margit M.s Bad sehr bald Zeit, als sie ihn fragte, ob er es renovieren könne. Ich half ihm dabei, es war in der Weihnachtszeit 1996. Als Gegenleistung bot sie mir ihre Schlankheitsbandagen an. Ich war neugierig darauf und dachte, es könnte mir nicht schaden, ein paar Kilo abzunehmen, obwohl meine Bekannten immer sagen, ich hätte eine gute Figur. Margits Methode heißt »Victoria Morton Body Wrap« oder »Victoria Morton Ganzkörperwickel« und kommt aus den USA. Sie hat es dort bei Victoria Morton gelernt, die auch eine Scientologin ist und in Clear Water, Florida, dem Hauptsitz von Scientology, lebt. Angeblich ist diese Methode schon vierzig Jahre alt und geht auf die alten Ägypter zurück. Fünf bis zehn Ganzkörperwickel sollen eine deutliche Reduktion des Umfangs bringen, das Gewicht müsse dabei nicht unbedingt weniger werden, erklärte mir Margit. Sie bandagierte mich meist persönlich, zwei- oder dreimal wurde sie von ihrer Mitarbeiterin Johanna vertreten. Margit nutzte die Gelegenheit immer für ein Gespräch über Scientology, gab nicht auf, mich bekehren zu wollen. Sie sagte einmal, Peters Ziel sei es, →Clear zu werden, wenn ich ihm dabei im Weg stünde, würde er sich von mir trennen.

»Clear: Eine Person, die durch Scientology-Prozessing die Gewissheit ihrer eigenen Identität als Wesen erreicht hat und getrennt von der Identität des Körpers ist. Die Begriffe Clear, Clearing (klären) usw. kamen ursprünglich durch Vergleich mit einer Addiermaschine in Verwendung. Wenn einige Zahlen in der Maschine heruntergehalten werden, kommt man bei der Addition einer Reihe von Zahlen zu falschen Lösungen. Wenn die heruntergehaltenen Zahlen dann geklärt (gelöscht, engl. cleared) werden, kommt man zu richtgen Lösungen.« (L. Ron Hubbard: Eine neue Sicht des Lebens, S. 25)

Sie begann, mich von den Beinen hinauf über Becken, Bauch, Oberkörper, Arme bis zum Kopf einzubandagieren. Ziemlich straff, damit das Wasser aus dem Gewebe herausgepresst würde. Dazu benutzte sie elastische Binden, die in einem großen Topf in Wasser eingelegt waren. Doch dieses Wasser was etwas Besonderes, nämlich »Goldwasser« nach der geheimen Formel Victoria Mortons. Waren Kopf und Körper fertig gewickelt, bekam ich an Füßen und Händen Plastiksäcke übergestülpt, die mit Gummiringen befestigt wurden, in denen sich das Gewebswasser sammeln sollte. Es sammelte sich auch immer wieder trübes Wasser, aber das war wohl aus den nassen Bandagen. Über den Oberkörper bekam ich einen gelben Poncho, wie die Kinder ihn bei Regen auf dem Schulweg tragen, und darüber noch einen warmen Schlafrock. Dann musste ich eine Stunde im Studio bei Musik hüpfen und tanzen. Danach wurde ich, ebenso wie vor dem Wickeln, an zehn Stellen von Oberschenkel bis Hals gemessen. Die weggewickelten Zentimeter wurden zusammengezählt notiert. Ich hatte immer den Eindruck, dass Margit vor der Prozedur das Maßband viel lockerer um mich legte als danach. Zwei Tage nicht duschen, damit das Goldwasser in die Haut einwirken kann, lautete ihr abschließender Auftrag. Ich hielt mich nie daran. Zu Hause duschte ich sofort. Peter war empört darüber, denn er meinte, ich mache Margits Werk kaputt.

Wie die Remaill-Technik ist auch »Victoria Morton Body Wrap« und Günther S.s Firma Tock als Franchise-System aufgebaut. Margit war wohl Master-Franchiser in Österreich, denn sie bot mir an, einen Teil von Wien zu übernehmen und dafür von ihr Lizenz und Know-how zu kaufen.

Ich lerne die »Wissenschaft über Scientology«

Wiederholt war ich den Werbeversuchen durch Margit und ihre Freundinnen ausgesetzt. Sie redeten immer deutlicher davon, dass Peter mich verlassen würde, sollte ich mich noch länger weigern, Scientologin zu werden.

Damit begann wieder einmal ein problematischer Abschnitt unserer Ehe und ich begriff allmählich, dass ich mich ins Lager der Feinde begeben musste, um meinen Mann zu verstehen.

Eine gute Freundin Margit M.s erklärte sich bereit, mir die Grundlagen der »Wissenschaft über Scientology« zu erläutern. Sie ist wirklich sehr nett, wie alle Scientologen, die ich kennen lernte, immer höflich und zuvorkommend, wenigstens am Anfang. Sie hatte stets ein Lächeln im Gesicht. Stundenlang las ich mit ihr in den Büchern von Scientology. Ich musste dabei immer laut vorlesen wie in der Volksschule. Machte ich beim Lesen einmal einen Fehler, so musste ich den ganzen Satz wiederholen. Kam es vor, dass ich mich wegen meiner Müdigkeit – diese Sitzungen fanden immer abends nach einem anstrengenden Arbeitstag statt – öfter verlesen hatte, musste ich manchmal sogar den ganzen Absatz nochmals lesen. Sinnvolle Erklärungen dafür gab man mir nicht, oder man versuchte mir einzureden, ich verlese mich nur dann, wenn ich ein Wort im

Text nicht verstanden hätte. Anschließend machten wir »Wortklären«, das heißt, ich lernte Begriffe aus Scientology kennen, musste die Erklärung des jeweiligen Wortes vorlesen, anschließend die Erklärung des Wortes mit meinen eigenen Worten definieren und mit den schon bekannten Kleinutensilien darstellen.

Nach insgesamt vier Wochen war dieser Zauber vorbei und für einige Monate war wieder Friede in der Ehe Peter und Ilse eingekehrt.

Auf immer wiederkehrendes Befragen, was ich denn gegen Scientology habe, antwortete ich stets mit zwei Standardsätzen: Erstens kostet es zu viel Geld. Geld, welches Peter und ich nicht haben und auch nicht so schnell haben würden, und zweitens stört mich der enorme Zeitaufwand, Zeit, die mir als Ehepartnerin vorenthalten wird, Zeit, die auch der Familie fehlt.

Ich sprach – aus taktischen Gründen – nie aus, was mich am meisten störte, nämlich die Verhaltensänderung meines Mannes mit ansehen zu müssen. Diese Veränderung Peters versuchte ich selbst zu stoppen oder zu mildern, indem ich immer wieder versuchte, mich mit ihm darüber zu unterhalten.

»Eine Unterhaltung ist der Vorgang von abwechselnd ausströmender und einströmender Kommunikation [...]. Es gibt eine Grundregel: Die Person, die ausströmen möchte, muss ebenfalls einströmen – jemand, der einströmen möchte, muss ebenfalls ausströmen. Wenn wir feststellen, dass diese Regel nach einer der beiden Richtungen hin ihr Gleichgewicht verloren hat, entdecken wir Schwierigkeiten.« (L. Ron Hubbard: Eine neue Sicht des Lebens, S. 143)

Nahezu alle diese gut gemeinten und gut begonnenen Gespräche endeten in stupiden Streitereien. Es ging dabei immer wieder darum, wessen Wahrheit nun wahr ist: Meine Wahrheit ist mehr wahr als deine, es kann nicht sein, dass deine Wahrheit mehr wahr ist als meine. Ich redete mir immer wieder zu, ich durfte die Hoffnung, einen Weg zu Peters Ich zu finden, niemals aufgeben, denn dann wäre die Ehe und unser gemeinsames Leben kaputt. So aber kamen wir nicht weiter.

Anfang 1997 hatten wir im Büro keinen Platz mehr für die Ordner des neuen Jahres, wir mussten also umorganisieren und entscheiden, welche Ordner wir im Keller unterbringen könnten. Ich musste eine ganze Reihe von neuen Ordnern anlegen, was ich eigentlich sehr gern tat, damit die Übersicht gewahrt blieb. Demzufolge war ein Besuch im Büromarkt fällig, um Ordner, Trennblätter, ABC-Unterteilungen, Basketts etc. zu besorgen. Mit einem Wort: ein ziemlich umfangreicher Einkauf. Wir hatten ausgemacht, diese Einkaufsfahrt, die mit einer ziemlichen Schlepperei verbunden war, gemeinsam am Samstagvormittag zu erledigen. Als wir losfahren wollten – ich zog mir gerade die Schuhe an – rief Peter A., Scientologe und Bergsteigerkollege Peters, an und fragte, ob Peter Zeit hätte, ein bisschen in den Bergen klettern zu gehen, das Wetter wäre für den Jänner doch so schön und ungewöhnlich warm. Peter sagte dann in meinem Beisein zu, er hätte sofort Zeit, A. solle um elf Uhr am Bahnhof in Wiener Neustadt sein, man gehe anschließend klettern.

Ich ärgerte mich furchtbar und wies Peter zurecht, dass wir doch vereinbart hätten, die Bürosachen für seinen Betrieb gemeinsam zu kaufen. Er meinte nur, ich könne ja die Dinge allein holen, er wolle jetzt eben mit seinem Freund klettern gehen. Ich wies ihn nochmals daraufhin, dass wir diesen Termin schon vor fast einer Woche ausgemacht hätten, und ich nicht schon wieder die Dumme sein wollte, die alles besorgt und trägt, während er sein Freizeitvergnügen haben konnte. Das sei für mich überhaupt nicht in Ordnung. Er regte sich fürchterlich auf und sagte, ich könnte seine Freunde nicht leiden, besonders die Scientologen.

Doch im Gegenteil: Manche seiner Freunde mochte ich sehr gern. Was mich ärgerte, war, dass er mich, meine Anliegen und Interessen immer wieder zu Gunsten seiner Freunde hinten anstellte. Das hatte ich mir als Ehefrau, die die Interessen ihres Mannes immer voran stellte, nicht erwartet. Er fand niemals etwas falsch daran, so mit mir zu verfahren. Ich hatte immer die Schuld, wenn ich mit der Situation nicht zurechtkam, er niemals.

Manche seiner nicht-scientologischen Freunde waren nur noch böse auf ihn, weil er Dinge, die er für sie tun sollte, ganz einfach nicht wichtig nahm. Was er für einen Scientologen tun sollte, ging immer vor. Arbeiten für sie wurden zuerst erledigt, dann erst kamen – vielleicht – seine alten Freunde an die Reihe. Mit der Renovierung eines Waschbeckens für seinen Freund, unseren Hausherrn, hat er meines Wissens nie begonnen, obwohl er es für eine Ausstellung gebraucht hätte. Seinem »Freund« Z. dagegen zimmerte er an einem Wochenende ein Kästchen, an der Vorderfläche verfließt, noch dazu mit den Fliesen, die er schon im Voraus als Gegenleistung für das Waschbecken bekommen hatte. Ich machte Peter darauf aufmerksam, dass er seine Freunde nicht gleich behandelte und den einen wichtiger nahm als den anderen. Das konnte er nicht →konfrontieren, dabei bekam er dann auch seine Wutausbrüche, beschimpfte und kränkte mich. Niemals zeigte er Reue, wenn er mich gekränkt hatte. Nein, er gab immer mir die Schuld, denn ich hätte kein Verständnis für ihn und seine Freunde.

Aber auch seine Kunden behandelte er manchmal recht merkwürdig. So hatte er einmal den Auftrag bekommen, für einen großen pharmazeutischen Betrieb Labortüren zu beschichten. Diese Türen sollten zu den sterilen Räumen führen und hätten deshalb besonders sorgfältig behandelt werden müssen. Aber sie lagen einfach in der unaufgeräumten Werkstätte herum. Eines Tages kam der Architekt des Pharmabetriebes unangemeldet vorbei, um nachzufragen, wann denn die Türen endlich fertig sein würden. Dabei sah er sie herumliegen, stellte fest, dass die Werkstätte nur eine alte Garage ohne spezielle Spritzlackierkammer war und regte sich daher furchtbar auf. Die Türen konnten mit dem Remaill-Technik-Verfahren überhaupt nicht beschichtet werden, denn sie waren aus Holz und nicht aus Email, daher hätte die Lackierung Bläschen und Unebenheiten hervorgerufen. Sie wurden kurz nach dem Besuch des Architekten unrepariert abgeholt.

Im Mai 1997 hatten wir einen fürchterlichen Streit, der damit begann, dass ich sagte, die Wahrheit, die er bei Scientology und seinen Freunden zu finden glaubte, sei ziemlich teuer, teuer in finanzieller Hinsicht, aber auch teuer, was den Verlust der familiären Einheit und des Vertrauens betraf. Peter wurde im Verlauf dieser Streiterei zunehmend aggressiver und schleuderte zwei volle Bierflaschen in der Küche auf den Boden. Danach nahm er die Dartscheibe meines Sohnes und zertrümmerte sie. Es sah furchtbar bei uns aus. Noch furchtbarer war aber, die Hilflosigkeit meines Mannes mitanzusehen, wenn er nicht mehr argumentieren konnte und die Wahrheit über die Machenschaften seiner »Freunde« weder entkräften noch ertragen konnte.

Die Bierflaschen waren entweder Überbleibsel von einem der Grillfeste oder aus einer Bierkiste, die ich meinem Schwiegervater immer auf der Kellerstiege bereitstellte, damit er nach dem Rasenmähen als kleine Belohnung ein kühles Getränk hatte.

Peter trank sehr selten Alkohol und immer nur mit schlechtem Gewissen. Wenn er vorhatte, am nächsten Tag in die →Org zu fahren, trank er natürlich keinen Alkohol.

Ich hätte manchmal gerne am Abend, wenn es zum Essen passte, ein Bier mit ihm geteilt, denn ein ganzes ist zuviel für mich. Mit mir hat er nie Alkohol getrunken, nur mit seinen Freunden. Einmal war sein Freund, der Scientologe Helmut P. zu Besuch. Er hatte einen Doppelliter Weißwein vom Neusiedler See mitgebracht. Die beiden spielten Gitarre und tranken dazu den ganzen Wein. Ich trinke keinen Weißwein, daher haben sie mich auch nicht eingeladen.

Als wir ganz frisch verheiratet waren, erzählte Peter mir einmal, dass er als sechzehnjähriger Bursche mit Freunden herumgezogen wäre und sich oft betrunken hätte, aber seit er bei Scientology sei, mache er das nicht mehr. Dort hätte man ihn vor seinem Ruin bewahrt, er wäre sonst Alkoholiker geworden.[24]

Die Geschichte ist meiner Meinung nach lächerlich, scientologisch formuliert und überzogen. Seine Mutter, die eigentlich immer sehr offen zu mir war, hat mir nie etwas darüber erzählt. Wahrscheinlich wurde ihm das eingeredet, wieder ein Grund für ein →Auditing. Peter war ganz einfach nicht mehr in der Lage, realitätsbezogen zu denken.

Nach diesem Aggressionsausbruch machte ich mir zum ersten Mal Sorgen um mich. Was, wenn seine Aggressionen sich nicht mehr nur auf das Zertrümmern von Gegenständen beschränken, wenn er eines Tages auf mich losgehen würde? Ich hatte Angst, was musste denn noch alles passieren, dass er begreifen würde, was seine »Religion« und seine Freunde aus ihm gemacht hatten.

Ich erzählte damals niemandem von dem Vorfall. Doch Peter konnte sich nicht zurückhalten und erzählte es seiner Schwester sofort, als ich ein einziges Mal eine Haarspraydose vor Wut auf den Boden warf. Zu einem anderen Zeitpunkt warf er in der Werkstätte ein Glas mit Schrauben und Nägeln an die Wand. Die Scherben und die Schrauben ließ er liegen. Unser Mitarbeiter Gerhard fragte mich am Morgen danach, was da passiert sei und ich erzählte ihm die Wahrheit. Immer häufiger flogen bei uns Gegenstände durch die Luft, einmal war es beispielsweise eine Kaffeetasse an die Fliesenwände der Küche, ein anders Mal war es ein Buch.

Als wir uns im Juni 1997 einmal heftig stritten, kam Peter am nächsten Tag mit der Idee nach Hause, bei Scientology ein »Ehehandling« zu machen. Hinter diesem Begriff verbarg sich eine Art Seminar für Eheleute, ähnlich einer psychologischen Eheberatung, die Peter natürlich abgelehnt hätte. Ich wollte nicht schon wieder dagegen sein und willigte also ein. Nach ein paar Tagen, als wir am Abend Zeit hatten, fuhren wir in die →Org nach Wien. Doris F., die Leiterin, sagte, wir könnten ein Eheseminar oder →Auditing in Hamburg bekommen. Es koste nur 37.000 Schilling (2.690 Euro). Wir sollten uns doch in den Nachtzug nach Hamburg setzen, am nächsten Tag das Eheseminar machen und am Abend den Nachtzug nach Wien nehmen. So würden wir am wenigsten Zeit verlieren. Ich sagte sofort, dass mir das zu teuer sei und wir uns das angesichts unserer finanziellen Situation nicht leisten könnten. Daraufhin schauten mich die beiden ganz böse an, keine Ahnung warum, ich hatte lediglich die Wahrheit gesagt. F. meinte dann noch, wir könnten uns doch nach einem »Geldfluss« in der Familie umsehen, das heißt, wir sollten uns von Verwandten Geld borgen. Das lehnte ich aus moralischen Gründen ab.

Zwei Tage später rief mich Margit M. an und sagte mir, wir könnten das Eheseminar auch in Wien machen, 2.500 Schilling (182 Euro). Ich fragte sie, wie sich dieser Preisunterschied erklären ließe. Sie antwortete, in Hamburg hätte ein »hochtrainierter« Auditor das Eheseminar abgehalten, in Wien könnten wir es mit einem Geistlichen der Scientology-Church in der so genannten Öffentlichkeitsabteilung machen. Aha, sagte ich mir, diese Fantasiepreise müssen also doch nicht sein. Wenn man sich nur dagegen wehrt, finden sie schon eine Möglichkeit, wie sie einen dazu bringen, doch bei Scientology mitzumachen.

Es scheiterte dann an einer ganz anderen Sache: Ich weigerte mich bei der Sitzung wieder einmal, das →E-Meter in die Hand zu nehmen. Zum einen hatte ich Angst vor Strom (ich hatte mich als Kind einmal elektrisiert) und zum anderen fand ich das Ding ganz einfach grotesk lächerlich. Alfred W., unser »geistlicher Auditor« erklärte dann sofort, er könne kein Eheauditing machen, wenn ich nicht daran glaube, dass das E-Meter einen Sinn habe. Er könne so auch nicht erkennen, wo ich eine »Ladung« hätte. »Ladung« verstand ich als ein Problem, das er bei mir finden wollte. Ich blieb dabei, Eheauditing ja, →E-Meter nein. Mein Mann bemühte sich dann noch in einem Nebenraum, mir mein →Engramm mit dem Strom zu nehmen, und mich dazu zu bewegen, das E-Meter wenigstens in abgeschaltetem Zustand anzufassen. Das tat ich dann auch, weshalb er meinte, einen großen Erfolg für sich verbuchen zu können.

»Erfolg beruht auf der Fähigkeit, nicht nur die eigenen Berufs-werkzeuge, sondern auch die Leute, die einen umgeben, zu →hand-haben und zu kontrollieren.« (L. Ron Hubbard: Eine neue Sicht des Lebens, S. 57)

Das Eheseminar in Wien machten wir schließlich nie, obwohl Peter es bezahlte. Er warf mir nach meiner Weigerung, das →E-Meter zu benutzen, bei jedem Streit vor, dass es meine Schuld sei, dass das Eheseminar für uns nicht stattgefunden habe.

In diesem Sommer gab es ein »Event«[25], bei dem es darum gehen sollte, wie viele Verbrechen man den Psychiatern und Psychologen noch zusätzlich zu den angeblich bisher entdeckten anlasten könnte. Für mich waren diese Ereignisse immer furchtbar, da ich dabei auch in meiner Integrität als Diplomkrankenschwester angegriffen wurde. Peter versuchte, mich über die Dinge, die ich im Laufe meiner Ausbildung und meiner Berufslaufbahn gesehen habe, auszufragen: Immer wieder begann er mit solchen Fragen, immer wieder versuchte ich ihm zu erklären, dass Mediziner keine Verbrecher seien. Er glaubte mir natürlich nie, zu stark war das »Wissen«, welches er von Scientology vermittelt bekommen hatte. Das war seine Wahrheit. Ich bat ihn, doch nicht zu diesem »Event« zu fahren: Er fuhr natürlich trotzdem.

Veranstaltet wurden damals und werden auch heute diese »Events« von der CCHR (Citizens Commission on Human Rights), auch KVPM (Kommission für Verstöße der Psychiatrie gegen Menschenrechte) genannt, obwohl dieser Name kaum noch verwendet wird. Diese Organisation wurde von Scientology gegründet und beschäftigt sich fast ausschließlich mit Psychiatrie-Kritik. Im Grunde genommen ist die CCHR nichts weiter als eine Werbeorganisation für Scientology. Ein Vortrag hat ungefähr den folgenden Inhalt:

Die Psychiater haben sich am Anfang des 20. Jahrhunderts zuerst selbst erfunden und dann den Holocaust, der ohne sie gar nicht möglich gewesen wäre, denn sie hätten die Gaskammern erfunden. Psychiater seien wahre Sexmonster mit vielen außerehelichen Beziehungen zu Patientinnen, häufig mit mehreren gleichzeitig – und dafür ließen sie sich auch noch bezahlen, weil diese Sexabenteuer in ihrer Arbeitszeit stattfänden. Psychiatrie sei keine Wissenschaft und habe sich deshalb mit Unterstützung von Psychologie, Chiropraktik und andere Nichtwissenschaften etabliert. Psychiater und ihre Helfershelfer würden den ganzen Menschen oder zumindest einzelne Organe zerstören, entweder durch Psychopharmaka oder durch chirurgische Eingriffe. Unter den Vortragenden bei der CCHR gibt es auch Ärzte. Ich fragte mich, wie ein Arzt seine Kollegen so in Misskredit bringen konnte.

Die Finanzkrise

Manchmal wusste ich nicht weiter, nur die Liebe, die Peter immer wieder ins Lächerliche zog, bewog mich noch immer, für eine bessere Zukunft zu kämpfen und auf den Tag zu warten, an dem er einsehen würde, was ich wirklich für ihn wollte.

Im Sommer 1997 wollte Peter die Produktlinie der Firma »Quorum« als Nebenverdienst in sein Unternehmen einbringen. Er fuhr mit Z. zu einer Veranstaltung, bei der man die Produkte des Strukturvertriebes Quorum kennen lernen konnte. An diesem Abend kam er völlig euphorisch nach Hause und erklärte mir, wie großartig die Sachen seien, die er ab nun verkaufen wolle und vor allem könne er ja mit dem vielen Geld, welches er ab jetzt verdienen werde, seine Schulden →handhaben. Natürlich wusste ich damals noch nicht, was ein Strukturvertrieb – oder mit anderem Namen, ein Multilevelmarketing – ist und wie so etwas funktioniert. Wie vieles andere auch, habe ich das erst nach der Scheidung erfahren.

Die Grundidee des Strukturvertriebs ist, dass man immer neue Leute wirbt, die auch das wunderbare Produkt verkaufen. Vom Verkaufserlös dieser Leute bekommt man als Werber einen gewissen Prozentsatz. Wer also genug Leute geworben hat, kann sich zurücklehnen und auf das Geld warten. Ich habe auch erfahren, dass Scientologen eine besondere Vorliebe für Multilevelmarketing haben, weil es offenbar ihrer Vorstellung vom »Geld machen« (vgl. S.21) entspricht.

Einige Tage nach dem Abend bei Quorum kam völlig überraschend eine von Peters scientologischen Freundinnen, Athea, zu Besuch. Sie ließ eine Selbstbau-Alarmanlage samt Zubehör sowie die dazugehörigen Beschreibungen für die Montage bei uns. Peter sollte versuchen, diese Alarmanlage zu verkaufen. Das gelang ihm aber nicht, denn niemand von unseren Bekannten wollte von diesen Produkten ohne Markennamen etwas wissen. »Quorum« ist ein Strukturvertrieb, aufgebaut wie ein Pyramidenspiel. Jeder Mitarbeiter ist ein selbstständiger Unternehmer und muss die Ware kaufen – und zwar eine bestimmte Menge pro Monat. Bei den Produkten der Firma Quorum handelt es sich um Sicherheits- und Unterhaltungselektronik sowie Kosmetika. Es gelang mir damals, mit den schon dazugehörigen Debatten, Peter davon zu überzeugen, das er nicht genug Geld für zehn Fernseher und zehn Alarmanlagen habe, um dieses Zeug in der Garage zu lagern. Wer sollte es außerdem kaufen? Sollten wir vielleicht aus der Garage ein Verkaufslokal machen? Was würde eigentlich bei Reklamationen passieren? Wer wäre dann verantwortlich? Wer würde ein Fernsehgerät oder eine Alarmanlage reparieren?

Wieder einmal war er sehr wütend. Weil ihm sonst kein Argument einfiel, machte er mir den Vorwurf, seine »Freundin« Athea nicht zu mögen, ja ich sei sogar eifersüchtig auf sie und habe deshalb →Gegenabsichten. Außerdem sei ich ein →Unterdrücker. Ich ließ aber nicht locker und die Episode Quorum ging glücklicherweise an uns vorbei. Vorwürfe deswegen hörte ich noch lange, hatte aber längst damit leben gelernt, ein Unterdrücker mit →Gegenabsichten zu sein. Er konnte mich damals kränken, wie er wollte, schimpfen und toben, so viel er wollte, ich hatte mir vorgenommen, für uns und die Familie stark zu bleiben.

Im August 1997 war das Firmenkonto bei der Volksbank mit etwa 700.000 Schilling (50.900 Euro) im Minus, doch die Bank gewährte ihm abermals einen Kredit von 400.000 Schilling (29.000 Euro) und zusätzlich einen Überziehungsrahmen von 300.000 Schilling (21.800 Euro), eigenartigerweise ohne Bürgen oder andere Sicherheiten.

Ein Teil der finanziellen Schwierigkeiten, die wir im Sommer 1997 hatten, ergab sich daraus, dass wir einem Arbeiter im Mai gekündigt hatten, da er einfach keine entsprechende Arbeitsmoral mehr hatte und nur noch unzuverlässig arbeitete. Die Reklamationen im Zeitraum Februar bis Mai 1997 hatten sprunghaft zugenommen. Die Zeit, die mit den Reklamationsarbeiten zugebracht werden musste, fehlte natürlich bei der Produktion.

Da ich zu diesem Zeitpunkt absolut keinen vernünftigen Zugang mehr zu Peters Gedankenwelt hatte, bat ich eine ihm sehr vertraute Scientologin, Gabriela P., auf die er in vielen Dingen hört, mit uns eine Gespräch zu führen. Sie hatte – angeblich – rein zufällig angerufen, eine Gelegenheit, die ich nutzte. Schon am nächsten Tag kam sie zu uns und nahm sich fünf Stunden Zeit für das Gespräch. Sie kam mir sehr vernünftig vor und sagte einiges, das für uns durchaus sehr brauchbar klang. Jedenfalls hörte Peter auf sie. Bei diesem und einem darauf folgenden Gespräch kamen wir überein, Sparmaßnahmen zu erarbeiten. Ich sollte für die Finanzen verantwortlich sein und nun sagen können, was ausgegeben werden konnte und was nicht.

Daran hielt er sich jedoch nie, auch nicht an die Vereinbarung, ab sofort einmal in der Woche eine »Finanzbesprechung« zu machen. Bis ich am 20. Oktober 1998 aus dem Büro hinausgeworfen wurde, hatten wir diese »Finanzbesprechung« nur dreimal durchgeführt – vereinbart war sie jedoch als wöchentlicher Fixtermin.

Hier ein Beispiel für seine Missachtung der Vereinbarung, dass ich die Finanzen der Firma verwalten und für die Ausgaben verantwortlich sein sollte: Z. wollte Firmenbriefpapier drucken lassen, brauchte dazu aber eine Mindestbestellzahl, damit der Preis pro Stück auf 80 Groschen (0,6 Euro) pro Briefbogen festgesetzt werden konnte, und nicht wie üblich fast das Doppelte kostete. Deshalb mussten alle österreichischen Franchisenehmer auch bestellen, ob sie nun Bedarf an Briefpapier hatten oder nicht. Da ich in unserem Büro für diese Bestellung verantwortlich war, sagte ich zu Z.s Frau Sonja, natürlich auch Scientologin, ich hätte noch an die 4.000 Bögen Firmenbriefpapier auf Lager und käme damit locker die nächsten zwei Jahre aus. Wir hätten daher keinen Bedarf und würden daher jetzt auch nicht bestellen. Daraufhin rief Z. Peter, der bei Kunden war, über das Handy an und sagte, er könne das der Remaill-Technik-Vereinigung nicht antun, alle haben bei der Briefpapierbestellung mitzumachen, so auch er, und er solle doch seine Frau →handhaben. In der darauf folgenden Woche wurden uns 16.500 Bögen Remaill-Technik-Briefpapier von überaus schlechter Qualität geliefert, zu einem Zeitpunkt, als das Firmenkonto völlig im Minus war.

Peters Vater sagte einmal, dass er Z. für einen Betrüger halte, weil er Peter bei der Firmentrennung 1992 um sehr viel Geld betrogen habe. Er könne nicht verstehen, dass sein Sohn sich noch immer mit Z. abgebe. 1992 machte Peter sich selbständig, nachdem zuvor die Remaill-Technik allein Z.s Betrieb war.

Doch noch immer mischte Z. sich in alles ein. Seine Anweisungen kamen meistens telefonisch oder per Fax. Persönlich kam er nur ganz selten, wenn es ganz besonders wichtig war, beispielsweise als er 1998 Peters Mutter überreden wollte, noch einmal für einen Kredit zu bürgen. Sie selbst war bei dem Gespräch nicht anwesend, denn sie mochte Z. nicht und hätte sich mit ihm nie an einen Tisch gesetzt.

Z. hatte wohl immer Angst, die Familie könnte den Kampf um Peter gewinnen. Doch Peter kommt niemals aus den Fängen von Scientology, solange er zulässt, dass Z. sich in sein Leben einmischt. Er behandelt Peter wie es ihm gerade passt, und Peter, der sich sonst immer wehrt, sagt keine Silbe. Er lässt sich von diesem »Freund« alles gefallen und sieht nicht, oder will nicht sehen, wie er von ihm manipuliert wird.

Der ständige Kampf um Peter zwischen, Z. auf der einen Seite und Peters Eltern, Karin und mir auf der anderen Seite, kann von uns nicht gewonnen werden, denn er wird von Z. mit unfairen Mitteln ausgetragen. Zu diesen Mitteln gehören ständige Beeinflussung und das Erwecken falscher Hoffnung, alles werde sich bessern, wenn Peter sich nur von den jeweiligen →unterdrückerischen Personen in seiner Umgebung trennen würde. Nur so könne er die völlige Freiheit erlangen. Scientology vertritt die These, jeder Mensch hat seine Spiele im Leben und liebt es, diese Spiele zu spielen. In einem dieser Spiele geht es nur darum, das Familienumfeld von Peter, aus dem Kritik an Scientology kommt, auszuschalten- und zwar ein für alle Mal.

Der Anfang vom Ende

Am 20. Oktober 1998 wurde mir die Buchhaltungsarbeit weggenommen. Vater und Sohn Z. hatten Peter dazu geraten, weil ich überaus unordentlich sei, keine Rechnungen bezahlt hätte, und auch zu wenig Zeit im Büro verbringen würde. Innerhalb von zwei Stunden, während ich unsere üblichen Einkäufe in Wiener Neustadt erledigte, wurden alle Buchhaltungsordner des Jahres 1998, die Kassabücher sowie die Kassa selbst in das Unternehmen von Z. (junior) gebracht. Mir erklärten die beiden Z., ihre Firma mache ab sofort die Buchhaltung für Peters Firma – und zwar kostenlos. Erst nachdem ich Peter darauf aufmerksam machte, dass ich auf meine Einkünfte aus seiner Firma angewiesen sei, sagte er, ich könne mein Geld auch weiterhin haben. Doch seit dem 20. Oktober 1998 habe ich von Peter keinen Schilling mehr bekommen, auch kein Haushaltsgeld. Nur wenn ich ihm ausdrücklich sagte, dass wieder einmal ein größerer Lebensmitteleinkauf notwendig sei, warf er mir einen Geldschein hin, meistens waren es 1.000 Schilling. Wenn Kunden bar bezahlten, brachte er bei seinen Fahrten zu Z., die er gewöhnlich zweimal in der Woche unternahm, das Geld in einer Küchenbox aus Kunststoff dort hin. Z. teilte für ihn das Geld ein. Im ersten von Z. bearbeiteten Buchhaltungsmonat gab es Privatentnahmen von 40.000 Schilling (2.900 Euro). So hohe Beträge waren während meiner Zeit als Buchhalterin nie entnommen worden.

Wir stritten nun mehr denn je, natürlich auch wegen dieser verschwundenen Gelder. Er schrie mich an, wenn ich nach dem Verbleib des Geldes fragte und sagte, die Buchhaltung gehe mich nichts mehr an, dieser Zug sei für mich abgefahren. Er wolle sich jetzt endlich von mir befreien und sich scheiden lassen. Ich machte ihn darauf aufmerksam, dass für mich die Scheidung keine Lösung sei. Ich fühlte mich an unser Trauungsversprechen, auch in schlechten Tagen zusammen zu bleiben, noch immer gebunden.

Er brüllte nur noch, er wolle sich scheiden lassen. Ab dem 20. Oktober kam von ihm kein nettes Wort mehr. Wenn ich versuchte, ihn zu beruhigen und ihm eine Versöhnung anbot, blockte er ab, wenn ich nicht sofort nachgab, schrie er mich nur noch an.

Er schlief ab dem 20. Oktober nicht mehr im Ehebett, sondern auf dem blauen Sofa im Wohnzimmer. Zweimal in dieser Zeit hat er dann doch im Ehebett geschlafen, vermutlich aber nur, weil ihm das Wohnzimmer zu kalt war. Einmal wollte ich ihn an der Schulter berühren und ihm mit dieser Geste zeigen, dass ich doch seine Frau war, die zu ihm hielt und die ihn noch immer lieb hatte. Er stieß mich einfach weg. Ich fragte ihn dann nach einiger Zeit – weil er die Scheidung noch immer nicht eingereicht hatte –, warum er es denn nicht mache, wo es doch anscheinend sein Wunsch sei. Er sagte, dafür habe er jetzt keine Zeit.

Er bezichtigte mich immer wieder, ich würde lügen und nur im Sinn haben, ihn zu zerstören und ihm seine Freunde zu nehmen. Er nannte mich dabei eine →unterdrückerische Person, die seine Finanzen und sein Leben →dramatisieren würde, er könne es mit mir nicht mehr aushalten.

Bei unseren gemeinsamen Freunden suchte ich Rat und Hilfe. Ich ging zu Margit und zu Gabriela, die uns beide ihre Hilfe anboten, doch er wollte davon nichts wissen. Beide sind natürlich Scientologinnen, denn andere gemeinsame Bekannte hatten wir nicht mehr. Heute würde ich mich hüten, sie um Hilfe zu bitten, doch damals glaubte ich noch, dass eine Rettung unserer Ehe möglich wäre.

Ich suchte auch bei Peters Eltern und bei seiner Schwester Unterstützung. Sie waren zwar bereit, mir zu helfen, doch es wurde ihnen bald zu viel. Sie verstanden viele unserer Eheprobleme nicht – wie sollten sie auch. Heute sind sie gegen mich und stehen auf Peters Seite, was ich verstehe und respektiere. Sie haben wahrscheinlich gar nicht glauben können, was ich ihnen alles erzählte, als ich bei Peters Eltern viele Male weinte. Womöglich haben sie nicht begriffen, was ich meinte, vielleicht haben sie alles, was ich sagte, für total übertrieben gehalten. Peter sagte nur, ich sei verrückt und gab seinen Eltern gegenüber natürlich mir die Schuld am Zerbrechen unserer Ehe. Ich kann verstehen, dass man solche Vorkommnisse in normalen Familien, die mit Scientology nichts zu tun haben, nicht findet und nicht versteht. So manches an meinen Erzählungen mag für sie unrealistisch geklungen haben. Aber ich habe meine Schwiegereltern nicht belogen. Ich will mich nicht mehr in die Familie drängen, die ohnehin mit Scientology und deren Auswirkungen auf das Zusammenleben, schon genug gelitten hat, deshalb habe ich zu meinen Schwiegereltern und meiner Schwägerin keinen Kontakt mehr. Doch tut mir der Abbruch der Beziehungen sehr leid.

Meine Bedenken und Beschuldigungen gegen Z. werde ich nicht zurücknehmen. Auf Z.s Firmenbriefpapier erhielt Peter den Scheidungsbefehl. Z. war immer der Dritte in unserer Ehe. Es war, als sei er immer anwesend, als flüstere er Peter immer das nächste Wort zu.

Am Abend des 30. November 1998, als wir wieder einmal heftig stritten, spuckte Peter mir Zahnputzwasser ins Gesicht und in die Augen. Zwei Tage zuvor hatte er mir vor Zorn eine Zeitung ins Gesicht geschleudert. Ein anderes Mal versuchte er, meinen schwarzen Schal um meinen Hals zuzuziehen. Diese Vorfälle meldete ich zusammen mit meiner Anwältin bei der Gendarmerie Wöllersdorf. Ich wurde dort gefragt, ob ich Anzeige gegen meinen Mann erstatten möchte. Ich tat es nicht, weil ich meinen Mann liebte.

Am 1. Dezember 1998 reichte ich die Scheidungsklage ein. Als Gründe gab ich an, dass er Scientologe ist, und sein Geld ausschließlich für Scientology verwendet und – für mich ein sehr schwerwiegender Grund – die Weigerung, ein Kind mit mir zu haben.

Peter beschuldigte mich nach der Scheidung, ich hätte mir meine Anwältin nur ausgesucht, um ihn endgültig zu vernichten, denn sie habe Scientology schon früher sehr geschadet. Es stimmt tatsächlich, dass sie mir empfohlen wurde, weil sie bereits erfolgreich gegen Scientology prozessiert hatte.

Er hat Angst vor der Veröffentlichung unserer Scheidungsgeschichte und wirft mir vor, ihm gedroht zu haben, die Geschichte in einem großen Nachrichtenmagazin abdrucken zu lassen. Er befürchtet, durch eine Veröffentlichung bekäme er Schwierigkeiten mit Scientology. Das führt dazu, dass er wahllos mit Beschuldigungen gegen mich herumwirft. Manchmal, denke ich, er weiß gar nicht mehr um den Sinn der Dinge, die er sagt. Es sind nicht seine eigenen Aussagen und seine eigenen Gedanken, immer spricht Scientology aus ihm. Ich habe ihm nie gedroht, doch er legt alles, was ich im Scheidungsverfahren gesagt habe, als Drohung aus. Es wundert mich immer aufs Neue, wie ein Satz im Handumdrehen komplett anders verstanden werden kann und wie diese Neufassung dann verbreitet wird.

Da sind Scientologen wahrlich Meister ihres Faches; »schwarze Propaganda«, die Diffamierung →unterdrückerischer Personen, gehört zum Handwerkzeug.

Am 13. Dezember 1998 zog ich aus der ehelichen Wohnung in Markt Piesting aus und siedelte zu meiner Mutter über, die damit einverstanden war. Mein Auszug konnte Peter nicht schnell genug gehen. Er half mir sogar, die Übersiedlungskisten wegzubringen.

Von meinen Schwiegereltern konnte ich mich leider nicht verabschieden. Ich wusste nicht, ob man mir dort überhaupt noch die Tür aufmachen würde. Mir tut es weh, dass diese ehrlichen, anständigen Leute so unter den Auswirkungen dieser Wirtschaftssekte leiden müssen. Sie hätten sich im Alter Frieden und ein schönes Leben verdient und nicht ständige Sorgen und Ängste um ihren Sohn und seine immer größer werdenden finanziellen Probleme.

Am Tag meiner Übersiedlung habe ich meinem Mann zum Abschied gesagt, dass all meine Versuche, ihm einen Weg zurück zu seinem ursprünglichen Ich zu weisen, zurück zu dem Peter, den seine Familie und seine Freunde einst mochten, fehlgeschlagen sind. Ich habe oft den Versuch unternommen, ihm einen anderen Weg zu zeigen, ich habe mich in Liebe um ihn bemüht, habe in unseren zahlreichen Streitdiskussionen nach Argumenten gesucht – aber es war vergebens. Peter lebt ein programmiertes Leben für eine ganz neue Welt mit eigenen Regeln, für ein angebliches freies ICH, irgendwann in der Zukunft.

»Es gibt eine Grundregel, dass eine psychotische Person mit der Vergangenheit beschäftigt ist, dass eine neurotische Person kaum imstande ist, mit der Gegenwart fertig zu werden, und eine geistig gesunde Person mit der Zukunft beschäftigt ist.« (L. Ron Hubbard: Eine neue Sicht des Lebens, S. 91)

Seine Denkweise macht es ihm aber immer schwerer, sich mit der realen Welt zu verständigen und eigenbestimmt zu denken. Eine unsichtbare Mauer hat sich zwischen ihm und der Realität aufgetürmt. Die fatale Folge dieses von Scientology vorprogrammierten Lebens mit den Regeln, die er unter allen Umständen einzuhalten hat und auch einhalten wird, hat ihn von den Menschen entfernt, die ihn wirklich liebten und noch immer lieben. In diesem Zustand wird er von seiner »Religion« festgehalten und versiegelt. Der Mensch Peter soll durch eine komplette Persönlichkeitsveränderung neu geboren werden und dazu gehört der radikale Bruch mit seiner Vergangenheit. Scientology hat aus dem Wortschatz dieses neuen Menschen die Wörter Liebe, Verständnis, Geborgenheit und Wahrheit entweder verbannt oder mit anderen Inhalten gefüllt. Menschen gelten als Wegwerfartikel. Peter, wie ich ihn am Ende unserer Ehe erlebte, konnte nicht mehr lachen, nur noch das scientologische Dauerlächeln aufsetzen, nicht mehr lieben – und sich auch nicht mehr vorstellen, dass er geliebt wurde.

Der Schlussstrich

Ich begann, mir in Eigenregie Hilfe zu besorgen, kaufte mir Bücher über Sekten, über Scientology, über alles, was ich für sinnvoll hielt. Ich hatte niemanden, den ich über Hintergründe fragen konnte, niemanden, der meine Lage verstehen konnte. Die Schwiegereltern waren zwar nett, aber sie hatten natürlich auch nicht das Fachwissen, das ich so dringend gebraucht hätte.

Bücher über Scientology musste ich bei Freunden verstecken. Aus einem dieser Bücher erfuhr ich die Adresse der Sektenstelle der Erzdiözese Wien. Ich vereinbarte dort einen Termin und erfuhr, was ich von der Zukunft meiner Ehe erwarten konnte. Als ich mich verabschiedete, hatte ich den Satz im Ohr: »Frau Hruby, gehen Sie, solange Sie dazu noch imstande sind«.

Ich suchte später noch andere Beratungsstellen auf und machte mit ihnen teilweise enttäuschende, teilweise aber auch sehr gute Erfahrungen.

Peter wurde für mich immer unzugänglicher, immer kälter, er konnte sich von einer Sekunde zur anderen mit einer »Steinoberfläche« überziehen und somit war es unmöglich, weiter mit ihm zu sprechen. Jeder Versuch in dieser Situation war sinnlos, er hörte nicht mehr zu. Wenn er mit Z. telefonierte, bediente er sich einer Art Kunstsprache, damit ich nicht verstehen konnte, worum es ging. Ich weiß ganz genau, dass mich Z. bei Peter oft angeschwärzt hat. So schimpfte Z. zum Beispiel bei einem Meeting in Berlin vor versammelter Menge über mich. Heute sagt er, er hätte von sich gesprochen. Kaum zu glauben von einem Wesen, das sich selbst für so gut und für den Größten hält.

Wenn Peter einmal →Clear sein sollte, wird man ihm sagen: »Du hast den Durchbruch geschafft. Mach weiter so, du bist einer der erwählten Menschen, die den Planeten Erde retten und einen ›Clear-Planeten‹ machen können. Du bist der erwählte Thetan (→OT), der uns noch gefehlt hat, das Universum wartet auf dich. Für dich beginnt jetzt die Brücke zur völligen geistigen Freiheit. Da wäre aber vorher noch eine Kleinigkeit, wir hätten gerne den Inhalt deiner Geldbörse, das ist dir doch recht, hast du Ersparnisse auf der Bank, es ist noch besser für dich, wenn du uns die zukommen lässt. Außerdem könntest du ja noch bei der Bank einen Kredit aufnehmen, es ist doch für die Errettung des Planeten – für unsere Sache – das verstehst du doch!!!«

Wissen wir Außenstehenden, ob es nicht tatsächlich so ist und ob wir zu den Nichterretteten gehören? Verzichten wir möglicherweise auf eine neue Zukunft in unseren künftigen Leben auf einem »Clear-Planeten Erde« und auf eine Existenz in einem Universum, in dem es keine Kriege, keine Drogen, keine Kriminellen, keine Atombomben und keine Psychiater mehr gibt? Was entgeht uns wirklich, wenn wir auf ein Leben ohne →reaktiven Mind verzichten? Wollen wir nicht auch Menschen werden, die frei sind von somatischen Beschwerden? Ist es nicht doch möglich, dass wir den einzigen Retter der Menschheit Mr. L. Ron Hubbard zu Unrecht verurteilen, sowie vor 2.000 Jahren die Menschen nichts von dem Messias wissen wollten? Begehen wir diesen Fehler bereits zum zweiten Mal?

Diese Fragen habe ich mir ernsthaft gestellt, habe mich Peter zuliebe mit dem scientologischen Denken auseinander gesetzt und auch drei kleinere Kurse besucht. Doch nach all dem, was ich mit ihm, dem Mann, den ich so sehr geliebt habe, erleben musste, kann ich diese Dinge nicht mehr glauben.

An dieser Stelle wird sich vielleicht so mancher fragen, warum ich solange geschwiegen habe. Ich schwieg aus einer von mir falsch verstandenen Loyalität zu meinem damaligen Ehemann. Wenn ich zu einem früheren Zeitpunkt über die Wahrheit der gesellschaftlichen Ziele dieser Organisation gesprochen hätte, dann wären die ohnehin schon äußerst geringen Chancen, meinen Mann, den ich immer sehr liebte, dort herauszubekommen, gänzlich dahin gewesen. Sich die Situation vorstellen zu müssen, gegen ein besseres Wissen zu schweigen, ist sicherlich für viele Menschen schwierig. Es war damals meine einzige Chance, auch diente sie meinem eigenen Schutz.

Ich musste in dem Bewusstsein von meinem Mann weggehen, keinen Funken an Einsicht bei ihm hervorgerufen zu haben, Einsicht in die Tatsache, dass sein Ich ein Produkt seiner derzeitigen Freunde ist und nicht mehr sein eigenbestimmtes Ich.

Seine Freunde, speziell Z., haben die Trennung von Peter und Ilse forciert. Z. ist, laut Aussage anderer, bereits am Zerbrechen Peters erster Beziehung schuld. Hier werfe ich ihm öffentlich vor, dass ich nicht mehr mit meinem Mann Peter zusammen bin, der mich nach seinen eigenen Aussagen auch noch liebt, genauso wie ich noch nicht aufgehört habe, ihn zu lieben.

Geblieben sind mir meine Selbstvorwürfe, die behaupten, zu wenig Geduld gehabt zu haben, zu früh von meinem Mann weggegangen zu sein und eine komplette Familie im Leid zurückgelassen zu haben. Doch ich kann keinem helfen, der nicht will, dass ihm geholfen wird.

Mein Mann war nie an einem gemeinsamen Weg interessiert – nur sein Weg war ihm wirklich wichtig, er wollte mich nur für seine Interessen benutzen.

Heute wage ich aufgrund vorliegender schriftlicher Beweise zu behaupten, die Eheschließung zwischen Peter und Ilse Hruby war 1995 ebenso konstruiert wie 1999 die Scheidung Hruby / Hruby. Ich bin davon überzeugt, dass die Auflösung unserer Ehe von langer Hand geplant war, geplant von einem völlig undemokratisch agierenden Regime, das unsere Gesellschaft aus falsch verstandener Toleranz duldet. Mitgewirkt haben all jene, denen es nicht passte, dass an der Seite von Peter ein Mensch war, der, egal was auch immer kommen mochte, absolut nicht bereit war, sich der totalitären Weltanschauung der Scientologen anzuschließen.

Heute bin ich stolz darauf, dass ich mein Ich und mein eigenbestimmtes Denken behalten konnte.

Im Sommer 2000   *Ilse Hruby*

Anmerkungen

1. Im »Handbuch des ehrenamtlichen Geistlichen« empfiehlt LRH (beliebte Abkürzung für L. Ron Hubbard) seinen Anhängern ausdrücklich, in öffentliche Krankenhäuser zu gehen: »Während Sie einfach durch das Krankenhaus gehen, werden Sie hier und dort in den Zimmern einige Leute sehen, die in schlechter Verfassung sind. Sie können bei jedem Einzelnen stehen bleiben und ihm einige Minuten lang einen Assist (= eine Art Notbeistand) geben.« (s. 119) Im selben Kapitel heißt es »Wenn Sie jemandem ... einen Assist geben, ohne ihm eine Visitenkarte in die Tasche zu stecken, begehen Sie einen Fehler.« und: »Fragen Sie die Leute nicht um Erlaubnis. Tun Sie es einfach.« (S. 95) Über die Rolle des ehrenamtlichen Geistlichen heißt es u.a.: »Bei Besuchen im Krankenhaus erhöht er die Hoffnung der Patienten, indem er ihnen den Weg zu voller Genesung über Beratung und Studium in der Scientology zeigt.« (S. LII)
2. Die Arbeitszeiten der bezahlten Mitarbeiter, so genannter Staffs, sind, den Angaben in der »Brücke« (Wiener Scientology-Zeitschrift) folgend 9 bis 22 Uhr mit je einer Stunde Pause mittags und abends; Samstag ist am Nachmittag Schluss.
3. Ruth Minshull ist eine scientologische Autorin, die wesentliche Aspekte der Lehre Hubbards in auch für Nichtscientologen leicht verständlichen Büchern und Broschüren dargestellt hat.
4. Dieser Vergleich mit dem Buddhismus (gelegentlich auch mit dem Hinduismus oder dem Taoismus) ist, so häufig er auch verwendet wird, ein weiteres Indiz für die am Anfang des Buches aufgestellte Behauptung, Scientology sei vom Hintergrund ihrer Entstehung im Wirtschaftswunder-Amerika nicht zu lösen. Wer kannte sich denn damals schon so genau mit diesen fernöstlichen Religionen aus? Wem würde es schon auffallen, wenn Hubbard zentrale Begriffe wie etwa Tao falsch übersetzte (vgl. Stephen Kent: Scientology und östliche religiöse Traditionen In: Berliner Dialog 1/97) oder seine Postulate (»Mach Geld« etc.) im krassen Widerspruch zu zentralen Punkten der von ihm vereinnahmten Lehre stehen.
5. Die Vorgangsweise, Kredit aufzunehmen, widerspricht der Hubbard-Schrift »Wie man mit Geld umgeht«. Dort wird gefordert, keine Schulden zu machen. Andererseits sind Investitonen in die Zukunft – und als solche müssen die Kurse betrachtet werden – erlaubt.
6. Umgangssprachlicher Ausdruck für das Buch »Dianetik«.
7. Sea-Org: Eliteeinheit der Scientology mit dem Zweck »Ethik (natürlich Scientology-Ethik Anm. d. Verf.) auf dem Planeten und im ganzen Universum herzustellen.« Zwecks besserer »Beweglichkeit« soll sie mit einer Schiffsflotte operieren; daher der Name. (vgl. FWS S. 88)
8. Jemand, der durch falsche Berichte Ärger zwischen zwei Personen, einer Person und einer Gruppe oder zwischen zwei Gruppen schafft.

(Handbuch des ehrenamtlichen Geistlichen S. 753) – Eine wichtige Rolle in der Scientology-Theorie, denn »in jedem Streit muss eine dritte Partei unerkannt gegenwärtig sein, damit es überhaupt einen Konflikt gibt.« (Dianetics and Scientology. Technical Dictionary S. 434) – Wenn's nur so einfach wär!

9. Das bedeutet natürlich auch, dass das scientologische Kinderbild die Grundlage aller Theorie und Praxis bildet: Kinder »sind – und wir dürfen diese Tatsache nicht übersehen – Männer und Frauen. Ein Kind ist keine besondere Tierart, die sich vom Menschen unterscheidet. Ein Kind ist ein Mann oder eine Frau, nur noch nicht zur vollen Größe herangewachsen. Jedes Gesetz, das für das Verhalten von Männern und Frauen gilt, gilt auch für Kinder.« (Scientology. Eine neue Sicht des Lebens« S. 74)

10. Ein Scientologe muss diese Berichte nicht nur über andere Scientologen verfassen, sondern auch über sich selbst bzw. mit ihm in Verbindung stehende Personen, wenn er irgend welche Probleme hat.

11. Es gibt in Scientology verschiedene Verfahren (Beistände genannt), die das Befinden einer Person akut bessern sollen; das genannte Verfahren ist ein so genannter »Kontakt assist«, der mögliche zukünftige Folgen der Verletzung sofort abfangen soll.

12. Zur Dosierung von Vitaminen vgl. Kap. Probleme des Auditing, FN 14.

13. Volumes: In den so genannten grünen und roten Volumes sind die Richtlinienbriefe Hubbards gesammelt; alles in allem sind das mehrere Meter Hubbard-Texte; Peter hat wohl nur einen kleinen Teil derselben erstanden.

14. Statistik: vgl. dazu S. 30 (Kapitel Die Scientology-Leistungsgesellschaft)

15. Conditions vgl. Ethik.

16. Wog: »Scientologyslang für jeden Nichtscientologen. Herleitung des Ausdrucks: Er stammt aus dem britischen Slang, in dem er eine nichtbritische Person in einer der englischen Kolonien bezeichnete.« »Abgekürzt für ›worthy oriental gentleman‹«. (FWS S. 112)

17. Raw Meat: »Jemand der noch nie Scientology-Verfahren bekommen hat.« (Dianetic and Scientology. Technical Dictinary S. 335; Übers. d. Verf.)

18. Während der bessere Eindruck auf die Kunden für Peter vermutlich noch ein Argument gewesen sein könnte (Auch Hubbard weist auf die Wichtigkeit guter Außenwirkung hin), waren die Kinder vermutlich keines; denn sie gelten ja für Scientologen als kleine Erwachsene.

19. Etwas konfrontieren: Sich damit auseinandersetzen; ein Hindernis beseitigen. Das Verbreiten schlechter Nachrichten gilt als →unterdrückerisch, da sich kein Scientologe leichtfertig in den Einflussbereich eines Unterdrückers begeben darf, um nicht zum »Möglichen Ärgernisverursacher« zu werden, schauen normale Scientologen auch keine Nachrichtensendungen an. Die Frage, wie weit diese Richtlinie nicht auch (oder vor allem) dazu dient, Scientologen von der Außenwelt (und v.a.

von kritischen Medienberichten) zu isolieren, kann jeder für sich selbst beantworten.

20. Hat – »Slang für den Titel und die Arbeit eines Postens in der Scientology-Kirche.« abgeleitet von den »Dienstmützen« verschiedener Berufe. (FWS S. 47)

21. Nach Hubbards »Lerntheorie« gibt es drei grundlegende Lernhindernisse: man hat ein Wort nicht oder falsch verstanden, es fehlen wichtige Grundlagen oder man kann sich das Ganze nicht so recht plastisch vorstellen. Das Ganze wird mit scientologischem Fachvokabular bezeichnet und detailliert aufgeführt. Die genannten Kleinutensilien sind ein so genanntes »Demo-Kit« (Demonstrationswerkzeug), das dem letztgenannten Mangel abhelfen soll. Jeder Scientologe muss sich eines zusammenstellen und eifrig verwenden. In der Statistik gibt es für jede Verwendung Extrapunkte.

22. Die Kursüberwachung erfolgt durch Personen, die einen Kurs für Kursüberwachung absolviert haben müssen; es soll aber schon vorgekommen sein, dass sie die Materialien, an denen die »Studenten« arbeiteten und die sie auch prüfen mussten, vorher nicht gekannt haben.

23. IAS – International Association of Scientologists.

24. Nach Aussagen ehemaliger Mitglieder wurden viele davon überzeugt, sie wären ohne Scientology zu Grunde gegangen (besonders häufig an Alkohol).

25. Event bezeichnet hier einfach einen Vortrag; mit diesem Wort könnte auch ein Fest gemeint sein. Die Vorliebe für englische Begriffe ist eines der Merkmale des scientologischen Sprachgebrauchs.

Glossar

Es existiert ein umfangreicher scientologischer Wortbestand, der auch in einem eigenen Wörterbuch (Ausgabe 1975: 577 Seiten), der Fachwortsammlung (FWS), niedergelegt ist. Er umfasst sowohl völlig neue Ausdrücke als auch vertraute Vokabeln, die für Scientology neu definiert wurden. Z.B. bezeichnet das Wort Bank kein Sitzmöbel und auch kein Geldinstitut, sondern eine »Ansammlung an geistigen Eindrucksbildern, deren Beseitigung das Ziel der Scientology-Verfahren [ist], da sie nur eine Belastung für jemanden ist und es ihm ohne Bank viel besser geht.«

Außerdem gehören eine Reihe von Abkürzungen dazu, die zu eigenen Termini werden; oft sind diese Abkürzungen gleichzeitig ein (meist positiv besetztes) Wort aus der Alltagssprache (z.B. WISE = World Institute of Scientology Enterprises); die (programmierte?) Verwirrung ist perfekt!

Aberriert:
ist jeder, der noch nicht von den unbewussten negativen Erlebnissen in seiner Vergangenheit »geklärt« ist; daher weicht sein Verhalten bzw. sein Denken vom rationalen Verhalten ab. (vgl. FWS S. 1)
»Alles Böse stammt von Aberration« (→HCOPl 15.8.6), schreibt Hubbard in den Materialien, die sich mit →Unterdrückern und Unterdrückung beschäftigen und vermischt so die Begriffe von gesund und krank/gut und böse bis zur Ununterscheidbarkeit.

Auditing:
laut Fachwortsammlung (FWS): »die Tätigkeit, einem →PC (eine Person am unteren Ende der scientologischen Bewusstseinsskala, der so genannten »Brücke« Anm. d. Verf.) eine Frage zu stellen (...), eine Antwort auf diese Frage zu erhalten und ihm auf diese Antwort eine Bestätigung zu geben.« Zur Problematik des Verfahrens vgl. das entsprechende Kapitel auf S. 15.

bestätigen:
Ist für Scientologen ein wichtiger Teil der Kommunikation; mit den Worten »Gut«, »Sehr gut«, »Fein«, »Okay« o.ä. will er einem Menschen zu verstehen geben, »dass eine Aussage oder Handlung bemerkt, verstanden und empfangen worden ist.« Was für Neulinge häufig wie ein Lob oder eine Zustimmung wirkt, ist eigentlich nichts als eine »Empfangsbestätigung«. »Eine Bestätigung an sich schließt nicht unbedingt ein, dass man zustimmt.« (FWS S. 13f)
Bestätigung des Erlebnisses: Ein Routinevorgang unter Scientologen ist es, immer wieder so genannte »Erfolgsberichte« zu verfassen oder zu erzählen; man wird auch immer wieder aufgefordert, von seinen so genannten »Gewinnen« zu berichten. Tut man das (manchmal unter Zuhilfenahme einer beachtlichen Portion Phantasie), dann wird man »bestätigt«, d.h. es wird applaudiert, gratuliert, gelobt – kurz: das »Erlebte« wird so besiegelt.

Betrachtungen: → Gegenabsichten

Clear:
war am Anfang der erstrebte Idealzustand; ein Mensch, auf den seine negativen Erlebnisse aus der Vergangenheit keinen Einfluss mehr haben und der daher vernünftig und selbstbestimmt agieren kann (so die schöne Theorie);

mittlerweile ist dieser Zustand eine Art Nulllinie, auf der das Mensch-Sein eigentlich erst beginnt.

Dianetic:
Ein Kunstwort, abgeleitet vom Griechischen: »Durch die Seele«; umfasst die Engramm-Theorie und die Verfahren zur Erreichung des Clear-Zustandes.

Dynamiken:
Laut Hubbard gibt es verschiedene Triebkräfte im Leben, z.B. »den Drang zum Überleben als man selbst«, »als eine sexuelle oder bisexuelle Unternehmung«, »zum Dasein in Gruppen von Individuen«, »zum Dasein als Menschheit«, »zum Dasein als Unendlichkeit«. (FWS S. 24) Scientologen sagen der Einfachheit halber z.B. »2D«, wenn sie von der 2. Dynamik sprechen. Normalerweise benützen sie es als Synonym für Partner / Partnerin.

dramatisieren:
bedeutet hier nicht das Umgestalten einer Erzählung zu einem Theaterstück; laut Hubbard verlangen →«Engramme« bestimmte Handlungsabläufe; das Vollziehen eines solchen Handlungsablaufes nennt man dramatisieren.

E-Meter:
Ein elektronisches Gerät in der Art eines Lügendetektors (nur viel simpler), das nach scientologischer Lehrmeinung den »geistigen Zustand« eines Menschen »messen« kann; über zwei Elektroden (Blechdosen), die jemand in beiden Händen hält, wird ein schwacher Strom durch den Körper und das Gerät geleitet; der Zeiger, der sich auf einer Skala bewegt, soll z.B. geistige Widerstände anzeigen. An der Aussagekraft der Zeigerbewegungen bestehen allerdings erhebliche Zweifel.
Sicher ist, dass der TÜV das E-Meter als potentiell lebensgefährlich eingestuft hat (bei Anwendung des Geräts während der Wiederaufladung der Batterien). Möglicherweise ist der Mangel bei den derzeit verkauften neueren Modellen bereits behoben.

Emotionsskala:
Auch Emotionen werden hierarchisch genormt! In der »Emotionsskala« werden Gefühle wie Schmerz oder Zorn gemischt u.a. mit Verhaltensweisen wie »Sich um Gunst bemühen« auf einer Skala von 0,05 bis 4,0 (Apathie bis Enthusiasmus) bzw. von 8,0 bis 40,0 (»Sich verstecken« bis »Heitere Gelassenheit des Seins«) ordnet. Auf dieser Skala findet man z.B. »Wiedergutmachen« (0,375) oder Mitleid (0,9) deutlich unter Gefühllosigkeit (1,2) oder Langeweile (2,5).

Engramm:
ist ein zentraler Begriff in Scientology bzw. Dianetic; er entspricht am ehesten dem, was die Psychologie einen Traum nennt. Allerdings geht der Einfluss, den Scientology der Summe aller in der gesamten Lebenszeit (einschließlich »früherer Leben«) gesammelten Engramme zuschreibt, weit über die klassische Traumatisierung hinaus; dafür erreicht ein Mensch, der von allen Engrammen »geklärt« wurde auch ungeahnte Lebensqualität und ungeahnte Fähigkeiten (→Clear).

Ethik:
Auch dieser Begriff wurde umdefiniert: Ethisch ist (vereinfacht gesagt) alles, was Scientology nützt. (vgl. S. 30f.) Aber ein Scientologe lebt nicht einfach ethisch oder nicht, er befindet sich in einem bestimmten »Ethik-Zustand«; auch für die Qualität der Ethik gibt es eine Skala: Der »Nullpunkt« ist »Nichtexistenz«; darunter liegen etwa »Feind« oder »Zweifel« bis hin zur »Verwirrung«; nach oben geht es über »Gefahr« und »Notlage« bis zur »Macht«. Für den Ethik-Zustand entscheidend, ist die →Statistik des Betreffenden.
Um von einem Zustand in den nächst höheren zu kommen, gibt es »Formeln«: die »Formel für den Zustand Verrat« etwa lautet: »Finden Sie heraus, dass Sie sind« (Einführung in die Ethik der Scientology S. 104., im Text als »Ethikbuch« bezeichnet).
Eine wichtige Säule des Systems sind die so genannten Wissensberichte (vgl. S. 58) sowie ein internes Rechtssystem mit »Gerichten«, Strafen usw.; ein anderer zentraler Baustein sind die so genannten »Ethik-Orders«, durch sie kann bei bestimmten Vergehen oder Verbrechen ein genau definierter »Ethik-Zustand« zugewiesen werden; die Folgen sind für einen überzeugten Scientologen z. Teil gravierend (z.B. wenn er auf Grund dessen kein Auditing erhalten darf).

Franchising:
Vertriebsform im Einzelhandel, bei der ein Unternehmer seine Produkte durch einen Einzelhändler in Lizenz verkaufen lässt.

FSM:
Abkürzung für Field Staff Member; ein Scientologe, der zur Verbreitung von Scientology beiträgt, indem er neue Interessenten wirbt. Er »schafft einen Wunsch nach einer Dienstleistung und selektiert die Person für diese Dienstleistung.« (Handbuch des »Ehrenamtlichen Geistlichen« S. 756); natürlich wird er dann (mit Gutschriften) belohnt; es werden auch »Spiele« veranstaltet, bei denen nach einem Punktesystem die besten FSMs prämiert werden. FSM kann nicht nur eine Person sein, sondern auch Firmen können als FSM fungieren, so erreichte beispielsweise die Firma Business Success in mehreren FSM- »Spielen« eine hohe Punktezahl; ähnlich dem System eines MLM, s. S. 21.

Gegenabsichten:
»Absicht« ist in Scientology mehr als nur ein Vorhaben oder ein Vorsatz; das Wort bezeichnet auch die »Power«, die hinter dem Vorsatz steckt; Gegenabsichten werden dann vermutet, wenn etwas nicht so läuft wie es soll; entweder blockiert sich ein Scientologe (in seinen Augen) selbst durch solche, oder er unterstellt anderen welche. Vor allem werden Gegenabsichten Menschen unterstellt, deren kritische Einstellung bekannt ist. Absicht und Gegenabsicht sind mit → Postulaten und Betrachtungen verwandt.

HCOB und HCOPl:
Abkürzung für Hubbard Communication Office Bulletin bzw. Policy; es handelt sich bei beiden um Richtlinienbriefe; über die →HCOPls heißt es in der FWS S. 44: »Sie sind dauerhaft gültige Veröffentlichungen aller Technologie.« Ihre Gültigkeit ist »unabhängig von ihrem Datum oder Alter«.

Handhaben:
ist ein vielgebrauchter Ausdruck unter Scientologen; abgeleitet vom englischen to handle, hat es ein Bedeutungsspektrum von: »etwas erledigen«, »mit etwas fertig werden« bis »jemanden führen« oder »mit etwas hantieren«.

Konfrontieren:
Auch ein Wort, das man oft aus dem Mund von Scientologen hört; es bedeutet »die Fähigkeit, bequem da zu sein und wahrzunehmen« (FWS S. 53); das heißt, gelassen zu bleiben und sich wohl zu fühlen, egal was wahrgenommen wird; eine der grundlegenden Fähigkeiten, die ein Scientologe haben (bzw. sich antrainieren) soll.

Org:
Kurzwort für eine (Scientology)-Organisation; das Wort bezeichnet die Lokalität (Haus, Wohnung) der örtlichen Niederlassung. Dort finden gewöhnlich Kurse statt; dient auch als eine Art Kommunkationszentrum für Scientologen.

OT:
Eine Abkürzung für »operierender Thetan«, die zum eigenständigen Begriff wurde; die Bezeichnung für den scientologischen Übermenschen, dem mehr oder weniger alles möglich ist; es gibt auch hier wieder ein abgestuftes System, die einzelnen »Bewusstseinsstufen« werden mit Nummern bezeichnet; derzeit ist die Skala noch nach oben offen.

Persönlichkeitstest:
auch »OCA-Test« (= Oxford-Capacity-Analysis) genannt, besteht aus 200 teilweise sehr intimen Fragen; nach der Auswertung liegt dem Getesteten eine Kurve vor, die angeblich die Stärken und Defizite seiner Persönlichkeit veranschaulicht.
Der Test, der keine bisher entdeckte Beziehung zur gleichnamigen Universität hat, ist das wichtigste Werbemittel der Scientologen. Der Name und das Diagramm suggerieren eine Wissenschaftlichkeit. Von manchen wird er sogar als gefährlich für Menschen mit einer bestimmten seelischen Disposition eingestuft (STA München 115 Js 4298/84 Beschluss vom 24.4.8640).
Für die Annahme, das es sich bei dem »Test« um geplante unlautere Werbung handelt, spricht die folgende gutachterliche Stellungnahme: »Durch die unzureichende (oder bewusst falsche) Interpretation des Oxford-Persönlichkeits-Fragebogens ist es bei drei der Probanden zu einer psychischen Labilisierung gekommen. Diese führte zu den von den Scientologen angestrebten Vertragsabschlüssen« (Prof. Dr. W Mende, Psychiatrische Klinik der Uni München, Gutachten v. 21.12.84 für das KVR München, S. 51, zum Persönlichkeitstest).
Teils ergab die Auswertung Selbstmordgefahr: »Eine beliebte Verkaufstechnik ist es, dem Interessenten vorzumachen, der Test habe ergeben, er sei ein Selbstmordkandidat« (STA München 115 Js 4298/84 Beschluß vom 24.4.86). Dazu ein Gutachten: »Die Aussage »Sie sind ein potentieller Selbstmordkandidat« -sie wurde in zwei Fällen berichtet- ist aufgrund eines Tests nicht möglich. Sie war in beiden Fällen sachlich falsch. Eine solche Aussage stellt jedoch für labile Persönlichkeiten eine Bedrohung dar. Eine solche Bedrohung, die

ohne Absicherung ausgesprochen wird, bedeutet für die betroffene Person eine Gefährdung, insbesondere dann, wenn weder zwischenmenschliche noch therapeutische Bindungen bestehen. Sie ist weder aus psychotherapeutischer Intention noch allgemein psychologisch vertretbar (Prof. Dr. W Mende, Psychiatrische Klinik der Uni München Gutachten v. 21.12.84 für das KVR München).

Anweisungen für die Auswertung: →HCOB 19.12.79 BA 363: »Ein niedriger Punkt auf der rechten Seite der Kurve bedeutet, dass der PC verrückt ist«. →HCOB 19.12.71 in Technical Bulletins VI S. 462: sinngemäß: links unten bedeutet: PC »out of valence« rechts unten bedeutet: PC ist verrückt.

Der ehemalige Scientology-Anhänger Tom Voltz beschreibt in seinem Buch »Scientology und (k)ein Ende«, wie er die Rechte am Test gekauft hat und jetzt deshalb prozessiert.

PC:
ist kein Personal Computer, sondern ein Pre Clear, das heißt ein Mensch, der noch nicht Clear ist, aber auditiert wird (oder auditiert werden will) und daher auf dem besten Weg dorthin zu sein scheint.

Postulate:
Das Wort »Postulat« hört man von Scientologen immer wieder; es bezeichnet eine Entscheidung oder einen Entschluss, der (nach Überzeugung der Scientologen) bei ausreichend großer Fähigkeit des »Postulierenden« zu einer entsprechenden Entwicklung in der Realität führt. Umgekehrt ist es natürlich ein persönliches Versagen, wenn man Wünsche oder Entschlüsse nicht in Realität »verwandeln« kann.

PTS →Unterdrücker

Reaktiver Mind:
Nach Hubbard hat der Mensch drei Verstandsarten nebeneinander: eine dient nur zur mechanischen Steuerung des Körpers; eine sammelt Daten und entscheidet auf Grund der gesammelten Daten nach rein logischen Kriterien; und eine, der »reaktive Mind«, sorgt für Fehlreaktionen, weil in ihm alle Engramme gespeichert sind, »er untersteht nicht der willensmäßigen Kontrolle« (vgl. FWS S. 4, 76, 91).

Reinigungs-Rundown (auch: Reinigungsprogramm):
Durch stundenlanges Schwitzen in der Sauna bei etwa 60 Grad, kombiniert mit der Einnahme von hohen Dosen Vitaminen, Kalzium und Magnesium sollen Körper und Geist von Drogen und Umweltgiften gereinigt werden.

Tech:
»Mit Tech ist Technologie gemeint, was sich natürlich auf die Anwendung der präzisen wissenschaftlichen Drills und Prozesse der Scientology bezieht.« (Fachwortsammlung für Dianetic und Scientology S. 96)

Unterdrücker:
auch SP (=Suppressive Person) oder »Unterdrückerische Person«« genannt. Hubbard hat die Theorie aufgestellt, es gäbe Menschen, die auf Grund frühe-

rer Erlebnisse nur mehr das Schlechteste für die ganze Welt wollen; ein gro-ßer Teil seiner theoretischen Schriften beschäftigt sich mit diesen Menschen, ihrer Enttarnung, ihren Untaten und der Frage, wie man sie unschädlich ma-chen kann. Psychiater und Psychologen gelten immer als unterdrückerische Persönlichkeiten, was sich in einer ganzen Reihe spezieller »Programme« für sie niederschlägt. Bezeichnend ist auch, dass Menschen, die als unter dem »Einfluss« der Psychiatrie (z. B. psychatrische Behandlung, Psychopharmaka) stehend betrachtet werden, von Scientologen als PTS (Potential Trouble Sour-ce, Mögliche Ärgernisverursacher) bezeichnet werden.

Adressen

Eine von den Autorinnen getroffene Auswahl an Beratungsstellen:

Deutschland

EBIS e.V.
Postfach 30
D-72663 Großbettlingen
Tel.: 07022/ 42411
Fax: 07022/ 47559

Aktion Bildungsinformation e.V. (ABI)
Alte Poststr. 5
D-70173 Stuttgart
Tel.: 0711/ 299 335
Fax: 0711/ 299 330

VITEM e.V. Jeanette Schweitzer
Ensheimer Straße 125
66386 St. Ingbert
Tel.: 06894/870452

Robin Direkt e.V. (Schutz-
gemeinschaft) Renate Hartwig
Postfach 29
D-89276 Nersingen
Tel.. (07308) 969011
Fax: (07308) 969030
Email: r.hartwig@t-online.de
Internet: http://www.renatehartwig.de

Elterninitiative zur Hilfe gegen
seelische Abhängigkeit und
religiösen Extremismus e.V.
Postfach 100 513
D-80079 München
Tel.: 089/ 559 56 10
Fax: 0831/ 69306 und 089/ 559 5613

Eltern- und Betroffeneninitiative
gegen psychische Abhängigkeit –
für geistige Freiheit Berlin e.V.
Heimat 27
D-14165 Berlin-Zehlendorf
Fax: 030/ 845 09 640

Sektenberatung Bremen e.V.
Postfach 101543
D-28015 Bremen,
Tel. und Fax: 04205/ 1609

Behörde für Inneres der Freien
Hansestadt Hamburg
(nur Scientology)
Frau Caberta
Hachmannplatz 2
20099 Hamburg
Tel.: 040/3286-4990
Fax: 040/3286-4995

EBI-Kontaktstelle
Dipl. Theol. Winfried Müller
Schaefferstr. 2
D-07743 Jena
Tel: 03641-23057
Email: winfried.mueller@jena.thur.de

Österreich

Bundesstelle für Sektenfragen,
Dr. German Müller
Wollzeile 12/ 19
A-1010 Wien
Tel.: (01) 513 04 60
Fax: (01) 513 04 60 DW 30

Bundespolizeidirektion Wien
Abteilung I – Büro für Staatsschutz,
Referat für Sektenunwesen
Boltzmanngasse 20
A-1090 Wien
Tel.: (01) 313 23 DW 2307
Fax: (01) 313 23 DW 2324

Amt der Niederösterreichischen
Landesregierung, Landesstelle für
Sektenfragen
Peter Pitzinger, Sektenbeauftragter
Landhausplatz 1
A-3109 St. Pölten
Tel.: (02742) 200 DW 6560
Fax: (02742) 200 DW 3335

Kult & Co, Sekten. Kulte. Religionen.
Dr. Peter Schulte
Meinhardstr. 8/ 1
A-6020 Innsbruck
Tel.: (0512) 508 DW 2996
Fax: (0512) 580 DW 328

Referat für
Weltanschauungsfragen, Sekten
und religiöse Gemeinschaften
Stephansplatz 6/ 6/ 56
A-1010 Wien
Tel.: (01) 51 552 DW 3367
Fax: (01) 51 552 DW 3316

Referat für Sekten und
Weltanschauungsfragen
Dr. Stephan Djundja
Elisabethstr. 10/ 3
A-5020 Salzburg
Tel.: (0662) 8047 DW 167
Fax: (0662) 8047 DW 169

Gesellschaft gegen Sekten- und
Kultgefahren
Obere Augartenstraße 26-28
A-1020 Wien
Tel.: (01) 33 27 537
Fax: (01) 33 23 513

Netzwerk – Verein gegen
destruktive Kulte
Postfach 163
A-9501 Villach
Büro: Ratthausgasse 8
A-9500 Villach
Tel.: (04242) 214 430

Schweiz

infoSekta
Postfach, 8055 Zürich
Tel.: 01 – 454 80 80
(Donnerstag, 9.00 – 11.00 Uhr)
Fax: 01 – 454 80 82
Internet: http://www.infosekta.ch

Ökumenische Beratungsstelle:
Religiöse Sondergruppen und Sekten,
Pfr. Martin Scheidegger
Matthofring 4, Postfach 3907
6002 Luzern
Tel.: 041 360 78 19 (Mo / Mi)
Fax 041 360 78 01
Internet:http://www.staedte.ch/lu/

Evangelische Beratungsstelle
Donald Hasler
Bürenstr. 12, Postfach 57
3000 Bern 23
Tel.: 031 370 28 28

Katholische Beratungsstelle: Diakon
Alex Wyss
Andlauerweg 5
4414 Arlesheim
Tel.: 061 701 63 50

Liechtenstein

Ursula Jaquemar
Rüttigass 108
FL-9485 Nendeln
Tel.: 075 373 76 10